AuthorHouse™
1663 Liberty Drive
Bloomington, IN 47403
www.authorhouse.com
Phone: 1-800-839-8640

First published by AuthorHouse 11/20/2009

ISBN: 978-1-4490-3511-2 (sc)
     978-1-4490-3512-9 (e)

Printed in the United States of America
Bloomington, Indiana

This book is printed on acid-free paper.

ANOAFALE

o le

GAGANA

ma le

AGANUU

Tusia
(Written by)

Tauiliili Leiataua Taulapapa
Saleaula Upolu ma Saleaula Savaii, Lepuia'i Manono,
Fogapoa Safotulafai ma Tafuna, Tutuila.

PO Box 424, Pago Pago, Amerika Samoa 96799

2009

cover design and layout compilation by
Satu Peleti of satugraphicdesign@gmail.com
PO Box 2494 . American Samoa 96799 . 684 770 0031

FAASINO TUSI (CONTENTS)

UPU TOMUA

Saunoaga po o se Fetalaiga mai le Tofa Lavea Tupuola Lemalu Malifa

E tu manu ae lili'a ina ua vala'au ina a'u e le afioga ia Tauiliili ina ia ou saunia se upu aua le galuega tele sa feagai ma ia. E mafua ona ou lili'a ona o ita o se paopao na fafau i tuavao, o le vaa e le mau le malali. Ae ui i lea, o le a se'i ou tu atu ia i tuluipae o ou maota ma ou laoa ma ou faapoipoi lili'a e pei o alofisa o tupu i malae o le Vavau aua e faigata o Samoa o le vao filifili, o le fue lavelave ma o le maota tulutulu i tao ua soo ona tai ao. Tulou ia Samoa ou paia ma mamalu faalupe, amata mai paia o le Atua ua ave i ai la'u faamuamua, o mamalu o faigamalo, aemaise paia ma mamalu o le atunuu.

Malomua ia le viiga o le Atua pei o le igoaipu a Nafanua, ona o Lana meaalofa ia Tauiliili, aemaise o Lona agalelei ua tafatafafuga ae le tafatafamaogo la tatou feiloaiga.

Sosoo atu i le viiga o le Atua le faamalo i le Tusitala. Ua lua ai nei ni tusi ua ia saunia aua le faataua ina o la ta gagana, o lo ta tofi mai le Atua. Ua faatoatele ina alo ma fanau a le atunuu ua fofoa i vao ese, ae faamoemoe i le atina'e o tusitusiga e fafaga ina ai ma faaolaola ina ai le Gagana Samoa. A mou le gagana, ua matua leai se Fa'a-Samoa, aua o le gagana o le vaega tele lea o le tu ma le aga a Samoa.

E le faigofie lenei galuega. Talofa i le Tusitala ma lana auaunaga sa tofa i le ala ma taoto i le taataa, ina ia e epa i lagotaai. O lea ua a'e le faiva o le manusina, alo mai la'ia se'i e afifi ina. Ae togi atu ia le toe ai pei o le upu i taulafoga ma faau atu ai si au agiagi i nisi o upu i le TATALO I MATAUTU. Toli mai seaula e, tau mamao a galo e.

> E leiloa se ata sopovale Loia e,
> Nuu a uma si a ta satane i le ututau
> Se vaa Tufulele na nai lagaali o Masefau.

Manuia le faitau.

Tupuola S. Malifa

O LE MAFUA'AGA NA TUSIA AI LENEI TUSI

O le gagana ma le aganuu e faaopoopo ma toese ona vaega e le tumau i se mea e tasi. O le televave foi o suiga ona o le gagana ma le aganuu sa tuu gutu ma tuu taliga, ae le'i tusitusia. Ua a'e faa galu fafati le oo mai o isi gagana ma isi aganuu ese'ese, ua faafefiloi ai le gagana ma le aganuu masani. Afai e lē a'oa'o ma tusitusia le gagana ma tala'aga o le aganuu e aga'i ina mou malie atu e pei o le maui atu o le tai masa. Tau ina ia fai se sao o lenei tusitusiga e fesoasoani ai i tupulaga lalovaoa o le atunuu e tau taofiofi mai ai lo tatou tofi na aumai io tatou tuua ua tofafa mai i tiasā. O le gagana ma le aganuu o lo tatou tofi e tatau i tagata Samoa uma ona mitamita ai. O se mea manaia ma logolelei i le faalogo atu i tama tā'a'alo o le Manu Samoa o tautatala i le gagana i taimi o taaloga. Afai e lē mana'o e malamalama ai isi tagata, o le aogā tonu lenā o le gagana Samoa. Ua fenanui uma le tele o tagata, ae ao ona mitamita le tagata Samoa e i ai lava si ana gagana ma si ana aganuu na soifua mai ma ia, e le'i faamalosia ae na a'oa'o ao faalogo atu i matua, o le auaiga atoa o tautatala mai ai. Ia avea foi lenei tusi o se lu'itau i le aufaitofā o loo agavaa e tusitusi, ia latou tusia ai ni tusi se tele i le gagana ma le aganuu a Samoa. Ua iai nisi tusitusiga o loo tusia ai solo, o lauga ese'ese, o gafa o aiga o Samoa ma e avatu le faamalō ia i latou o ē na mua i malae i le faiva o le tusitusi. Ae o lenei tusi ua manatu lenei Tusitala e faamatala gaoioiga o le gagana ma le aganuu i lona faatinoina.

E lua vaega ua vaevaeina ai lenei tusi. **O le Tusi Muamaua ma le Tusi e Lua.** O le Tusi Muamua o loo faamatala ai le aganuu i le femalaga a'i ma le talimalo o le atunuu. O le talimalo i le talilumafale, o le failaulau, o le laulautasi, o le aliitaeao, o le poula, o le amoulu, o le aiavā ma le taalolo. O isi aganuu o le ifoga, o le faiva o le tautua, o le faatamalii, o sua faatupu ma 'ava faatupu, o agaifanua a nuu taitasi. O nisi aganuu o ese'ese ai manatu, ma aganuu ua seāseā faatino i nei aso.

O le Tusi e Lua o loo faamatala ai le faatinoina ma le gaosia o Measina a le atunuu: O le aano a tamalii, o le maniti a tamalii, o le vala, o fala ese'ese. O loo faamatala le aogā o laau taitasi i taumafa ma isi aogā ese'ese. O le faavaiga o meaituaolo, ma le moa tunu moepiilima O faatautaiga i le gataifale, atoa ma faiva i le tuavao i luga o tiaseu ma isi tā'a'aloga ese'ese. O upu faaaloalo ma alagaupu na mafua mai i taumafa ma vaega ese'ese o le aganuu. Afai e te fia malamalama i nei mea uma faitau i ai ete malamalama ai.

FAAFETAI I Ē NA LAGOLAGOINA LENEI FAAMOEMOE

Faafetai ma faamalo i le Tofa a Lavea Tupuola Lemalu Malifa i le faamalosi'au. Faafetai i upu faalaei'au ua matagofie ai lenei galuega. Faafetai foi ma faamalo i le Susuga i le Faafeagaiga o Oianata'i Matale ua le gata i le faitau ma aumai ai ni fautuaga lelei, ae o le faasoa mai i talanoaga i le tele o taimi, faamalo foi ma faafetai mo le Upu Tomua mo le Tusi Lua.. Faafetai foi i le Tofa Lofipo Repeka Tofilau mo le faitauina ma fautuaga lelei. Faafetai tele i le Tofa Auimatagi Ioane Faasuamaleaui mo le faasoa mai ua tamaoaiga ai lenei galuega. Faafetai i le Susuga a le alii Faifeau o Afa Tyrent mo le faitauina o le tusi ma fautuaga lelei. Faafetai foi i le Susuga a Leiataua Pili mo fautauaga tāua.

Faafetai i le afafine o Ruta Tauiliili-Mahuka mo le faatulagaina o vaega o le tusi, ae le gata foi i lea o le atalii o Tavita Togia i le taleni o le pu'eata ua teuteu faamatagofie ai lenei galuega. Le susuga a James Kneubuhl ma Mr. Paul Brown o isi pu'e ata, faafetai i lo oulua sao tāua. Faafetai foi i le susuga a Fepulea'i Micah Van Der Ryn mo lona foi sao, faapea foi le tamaita'i ia Tamari Mulitalo-Cheung mo isi ata. Faafetai tele mo o outou sao tāua ua atoatoa ma matagofie ai lenei tusi. Ia faamanuia atu le Atua.

O alofa'aga i Matua

Faifeau o Pemerika

Ou te fia avea lenei tusi ou te aualofa ai i o'u matua, le alii Faifeau o Pemerika Tauiliili ma le Faletua o Malia Leiataua oi la'ua na fanaua a'u, ae na la faagalo le tiga ma naunauga faamatua ae tuuina atu le la'ua ulua'i fanau i lo la aiga e tausia e le Tuafafine matua o lo'u tamā o Siilima Fuaesi ma le Tofa a Fusia. Ona o le la naunauta'iga ia ou ola aogā mo Aiga, mo Nuu le Malo ae maise o le Talalelei. Talosia e le'i vale tuulima lo oulua faatuatuaga, ae ia faamagalo mai foi se sese o le atalii.

Ou te auaalofa foi i lo'u Tinā Pele o Siilima i lana tausiga ma ana a'oa'oga e tele auā o ia o lo'u uluai faia'oga. O le tele o mea lelei i lo'u olaga na faavae mai i a'oa'oga na ia tuuina mai i aso o le ma mafutaga, e ui ina puupuu, ae o se faavae na lelei ona fausia. Faafetai, Faafetai tele. Faafetai fo'i i lo'u tamā o Fusia ona o lana puipuiga ma lana tausiga ia te a'u, o lana ta'ita'iga na ou iloa ai le tele o tulaga i totonu o le nuu.

O nai Sa'afi'afiga

Maimau pe ana ia te a'u le poto ma le iloa o le loloto ma le lautele o le gagana ma le aganuu, se manū ua ou tusia ni tusi se tele ae o maua le ola ma le malosi mai le Atua. Se manū ua fai ni o'u apaa'u ma ou taamilo i itu e fia o le lalolagi ma faatosina mai alo ma fanau a Samoa o loo galala i le fia iloa, fia faalogo fia tagotago e tautala ma faatino le gagana ma le aganuu e pele ma mamaē i soo se mea o i ai le toto Samoa. E tusi lenei vaega o le tusi ma le maligi o loimata i le alofa i alo ma fanau i nuu mamao o loo fia tofu i le vai o le tama ae ua faigata nofoaga vava mamao. Ae ui i lea, talosia ia iai se aso e maua ai sou avanoa e te faata'ita'i ni vaega itiiti o le ta aganuu o loo o'u taumafai e faailoa atu i laupepa. Ia manuia outou alo ma fanau uma a le atunuu o lalovaoa o le a o'o atu i ai lenei sa'afi'afiga.

O le Tusitala

MATAUPU MUAMUA

O LE UIGA O LE UPU ANOAFALE

O le upu Anoafale lea e fai ma ulutala o lenei tusitusiga e mafua mai le upu anoa. Ua manatu nisi o le sa'o o le aanofale e mafua mai le upu aano. O le anoa ma le aano e faatatau uma i totonu o le fale poo totonu o soo se mea. O le aano ua na o le ogatotonu, ae o le anoa e lē gata o le ogatotonu, ae o foliga o totonu pe lelei pe faa lē lelei foi. E manatu la le Tusitala o le upu sa'o o le anoafale ae lē o le aanofale poo le anofale e pei ona masani ai i aso nei..

O le anofale o le faapu'upu'u poo le faafaigofie lea o le anoafale. Ua paū pe ua tia'i le "a" ona anofale ai lea ae ua lē anoafale. Ua tatau ai la ona faaaogā le upu masani o le "anoafale" auā o le tusi lenei o loo faatatau i le anoafale o le gagana ma le aganuu. O le gagana ma le aganuu i le manatu o le Tusitala o fale poo maota ma laoa, o loo taui ma teu ai nei vaega tāua o le soifuaga o le atunuu o Samoa. O le anoafale e faatatau i foliga, faamatalaga, auiliiliga, fesoota'iga poo uiga loloto o le gagana ma le aganuu, ma ua lē talafeagai ai le upu anofale poo le aanofale.

O le upu anoa lea e mafua mai ai le anoafale e faatatau foi i se saunoaga poo se fetalaiga ua matagofie i le faafofoga ona faapea lea o tagata sē ua anoa le lauga poo le saunoaga poo le fetalaiga. Poo le saunoaga poo le fetalaiga e mafai foi ona faapea sē ua anoasaunoaga pe ua anoafetalaiga le saunoaga a le ta'ita'i o le sauniga poo le fetalaiga a le failauga..

O se faatofala'iga a le matai e faapotopoto ai le aiga e fia faia se maota poo se laoa o le aiga. Afai e mae'a ma umusa le maota ona faapea lea o le upu: Faauta ua mae'a ma manaia le fale ae toe o le anoafale. O le anoafale e faatatau i mea e tutupu i totonu o le fale. O maota ma laoa e tau'i ai le tofa ma le faautaga, ma o le maota foi ma le laoa e saili i ai le tofa loloto ma le faautaga poto ae le gata i lea e fili tagaga ai foi upu fai o se nuu ma se afioaga. Afai e lelei le anoafale, e fiafia foi tagata e ulufale ma auai i ni sauniga poo ni mea e fai i totonu o lenā fale. O le mea lea e manatu ai le Tusitala e tāua atu le upu anoa poo le anoafale i lo le ano poo le anofale..

O loo faaaogā foi i faai'uga a le Ofisa o Faamasinoga lenei lava upu "anoa". I se faai'uga o le faamasinoga sa auai le Tusitala o loo fapea mai:se vaega o le faai'uga: **"AOTELEGA O MAU UA FAAMAUTUINA: Ona ua fa'amalieina le Faamasinoga i vaega tāua ma mau anoa ua faamautuina ua faia ai le faaiuga e faitauina e faapea:"** Taga'i i le upu "anoa" o loo faaaogā i le faai'uga o le Faamasinoga e faatatau i mau ua anoa. E mafai foi ona faapea ua anoa mau ma molimau ua tuuina mai i le Faamasinoga. E lē fetaui le upu aano poo le ano e faamatala ai mau, ae ua feauga lelei le upu anoa. O le isi foi uiga o le "anoa" ona o mau ua faamaoni ma sa'o.

Pule oe pe ete talia lenei faamalamalamaga pe leai auā e taofi 'ese'ese le atunuu.

O le Afuafua'aga o le Gagana ma le Aganuu

O le **aganuu** o aga e laugatasia ai le tele o nuu o se atunuu poo amioga a tagata o se atunuu, ma ua ta'u faapuupu'u ia aga o aga a nuu poo le aganuu. O se faata'ita'iga e faapea:

O le agatonu poo le aliitaeao ma le usufaaaloalo, e ui ina fai sina eseese o faiga e fai ai i nisi nuu, ae o le tele o nuu o Samoa o loo laugatasia i le faiga o le usu faaaloalo. O lea ua ta'ua ai le aliitaeao o se vaega o le aganuu. O le aganuu e tutupu faatasi ma tagata i lea atunuu ma lea atunuu i se taimi faaumiumi. O le leva ona i ai o tagata i se atunuu o le mautū ma maopoopo foi lea o le latou aganuu. O atunuu i Asia e i ai Saina, o Iapani, poo atunuu i Europa e i ai Peretania, o Falani, o Eleni ma Roma o atunuu ua mautū ma manaia tala'aga o a latou aganuu. Ua faapena foi le aganuu a Samoa auā sa tutupu mai ma tagata sa nofoia ma ainā le atu motu ua ta'ua o Samoa. O lea aganuu sa fausia mai i lona si'osi'omaga, e pei o lona laueleele ma laufanua, e i ai ana faaeleeleaga, o faatauta'iga i le gataifale ma tamaoaiga o loo iai, le vanimonimo ma manu felelei. O le tala i le aano a tamalii ma le lasi o ona faamatalaga, se'i oo i le mātalasi ma le lavelave o le ali'itaeao. O faamatalaga i le toga ma le avea o le measina a le atunuu, o le lalagaina o le toga e le matuau'u ma le au se'epapa. O le aganuu i le gaosiga o taumafa, e pei o le taufolo poo le fatumalemo, o le faausi poo le momoe ma le usi, o ni vaega o le aganuu na tutupu faatasi ma tagata Samoa mai le tele o Senituli ua mavae.

O le **gagana** o le tuu faatasiga o leo 'ese'ese e mafua mai totonu o le fofoga o le tagata i le fegauia'i o lona laulaufaiva e faaali ai lona lagona lilo pe ita pe fiafia, faanoanoa pe olioli, pe alofa pe 'ino'ino. E mafai la ona faapea o le aganuu o le tuufaatasiga o gaoioiga a tagata, ae o le gagana o le tuufaatasiga o leo eseese lea e taumafai le tagata e faaleo pe faamanino mai i le fegauia'i o le laulaufaiva ma matala mai ai le faaleoga ma uiga o upu poo faamatalaga. O aga poo aganuu o le tuufaatasiga o amio a tagata e toatele, ae o le gagana o le tuufaatasiga o leo e tele.

Miss American Samoa, 2006 Charity Gregory

O le matafaioi a le Gagana e faatino le Aganuu O lē fea la e sili lona tāua, poo le gagana poo le aganuu? O le tali a le Tusitala, o le gagana ma le aganuu e taufai tāua uma, ae sili ai ona tāua le gagana auā e le mafai ona manino ma tino mai le aganuu pe a leai le gagana. E manatu le Tusitala afai e leai se gagana Samoa ua leai foi se aganuu o loo tatou mitamita ai. O le matafaioi a le gagana e faatino le aganuu auā e lē mafai e le aganuu ona faataunuu ona mo'omo'oga pe a aunoa ma le gagana. E ui foi ina leai se tino o le gagana ae tauave e le gagana le aganuu ae lē mafai e le aganuu ona tauave le gagana. E talanoa tagata i le gagana i soo se taimi e aunoa ma le aganuu, ae lē mafai ona faa gaoioi le aganuu e aunoa ma le gagana. Afai loa ua fia faatino le aganuu ona galue loa lea o le gagana e faatino le aganuu, auā o lana anoafale lea.

O se faataitaiga e faapea: a sauni se ta'iga o se sua ma ua sauni le tulafale e faaupu le sua mo se tamalii, e lē mafai ona gaoioi le ta'iga o le sua se'i vagana ua fetalai le tulafale.

O le isi foi matafaioi o le gagana e faailoa mai lagona o tagata, ma e fesoasoani tele le gagana e faailoa ma faatino mai le itu loloto o le tagata. O le aganuu a Samoa e faatumutumu lava le itu o le faaaloalo ma le feavata'i ma le alofa. O le ala lea e 'ese ai lava le aganuu a Samoa mai le tele o i si aganuu. O le aganuu a Samoa e faamamafa le alofa i soo se tagata, o le ala lea e leai ai se tagata fia ai pe leai se aiga e nofo ai. E lē tuli foi ina masani ae alofa i soo se tasi, e faaali foi tu faaaloalo i soo se tasi ae maise o tagata ese. Afai e te lē masani ise tagata 'ese ma e te lē iloa poo se alii poo se tulafale poo se faifeau poo se tiakono, poo se faletua poo se tausi e te faalagi i le upu sili i le gagana o le "afio mai, poo le susu mai, poo le maliu mai ia

E matalasi foliga lelei o le Gagana ma le Aganuu. O le va faa- le- tagata o le aganuu e tāua ai le fealoa'i, poo le faafesaga'i o tagata. O le avafatafata o le faafesaga'i o fofoga o tagata, e te ālo mai ae ou te faasaga atu, o lou fofoga ae o lo'u gutu. O le fesilafa'i ma le fetāla'i o uiga lelei lea o le aganuu. Afai e i ai se mataupu ua lē maua i ai se tonu ina ua māe'a ona fefulisa'i le faautaga ma le tofā, ona faapea lea o tamā e tatau ona moe le toa, toe faata'atia ma mafaufau i ai atonu e alausu mai i le taeao o le aso fou ua maua ni mafaufauga fou e faufau ai tonu mautū. O le moe o le toa e lē faatatau i le moa ae o le taula o le va'a o Talaife'i'i. Afai fo'i o se mataupu ua tupu i le ala ona faapea lea e lelei ona tatou potopoto i maota poo laoa se'i o tatou fālē ai le mataupu leaga lo tatou fai tonu i le ala. O maota ma laoa e fesilafa'i ma fetāla'i ai le tofā ma le faautaga, ma o le isi lea uiga o le anoafale ole gagana ma le aganuu. O le muagagana e faapea "o le uta a le poto e fetāla'i ae o le uta a le vale e taofi mau". O lona uiga ia fetāla'i le tofā ae lē o le finau maua'i ina ia malō lona taofi, o le uiga lea o le upu fetāla'i. O fonotaga foi i totonu o afioaga e fefulisa'i lava i le faautaga a faleupolu, ae faatoā tatala le tofā i tamalii pe afai ua souā ma lē maua se tasi, ona faapea lea a faleupolu e lelei ona fesiligia le tofā i le talā. Afai e tupu se faafinauga i le va o faleupolu, o tamalii e fofō a **alamea** ma teuteu ma faafilemu le fono. E i tamalii foi le aiā e faaali ai ni o latou taofi i se mataupu o felafolafoa'i ai le fono. O le ala lea e faaigoa ai le tofā i tamalii o le taui e teu mau, o le tofā e seāseā tatala. Afai loa ua faaali le tofā i tamalii, ona faapea lea o faleupolu: E ui lava i se taofi ma se faautaga i faleupolu, ae ua lolo uma e faigata ua faalava le amoā, ua faaali se finagalo ma le tofā i tamalii. E le o tamalii uma foi, ae i ai le tamalii ua ave i ai le faaaloalo poo le alii o le nuu, poo se tasi foi ua ta'ua o le alii matua ma o ia foi lea e susu pe afio i le pou o le tala. O nisi afioaga e toalua ni tamalii e tutusa lo la tulaga i le nuu, ma oi i la'ua foi e fetuunai le tofā auā se manuia o le nuu. E i ai foi le i si uiga e faigata ai ona tatala le tofā, ona o le tofā e tafatasi, ae lē tele ni ona uiga. Ua ese lea mai le tofa fetāla'i. O lona uiga e fetāla'i ai le tofa ina ua saili se tonu mautū, ae afai loa ua maua le tasi ua tafatasi loa le tofā e lē toe suia, ae afai ua toe tatala le tofa e 'ese mai i lea na tasi i ai, ona faapea loa lea o le isi faaupuga, ua avaga gofie le tofā, ma e lē se uiga lelei lea i se tamalii.

O le anoafale o le faafitifiti.

E tiga lava se maoa'e o se faitoga ma ni oloa ae faafitifiti lava: Paga le mana'o ina ia tele ni mea ta te fiatagata a'i ae ona ua pau o se laufalavao ua aao i ai aiga ia. E i ai le muagagana e fai pe a ua oo i le tulaga o le faafitfiti: "Se o manava o Mai lē e fia maua ni mea se tele ae ua lima vaivai aiga nei". O le muagagana lea o loo faaaogā e le toatele, ae o le sa'o o le muagagana e faapea: Se o le manava o Maile'ia e fia maua ni mea se tele ae ua aao vaivai le paia i aiga. O le tala i le su'ega fofō a le alo o le Tuimanu'a i le afafine o Folasaaitu na mafua ai lea muagagana.. O le alo o le Tuimanu'a e fanau mai e leai ni vae, ona saili ai lea i le alo o Folasa tamaita'i o Maile'ia i Falelima, Savaii.

O le anoafale o le teuteu lumāfale o le Gagana

O le isi muagagana e faapea: A sesē tai ia tonu uta, poo uta foi i tai, ae o le upu a se tamā sa fai muagagana o Leiataua Sameli e faapea: A sesē le tautai ia poto le atu, ma e lē o le i'a e faatatau i ai ae o le tagata. O lona uiga a valea pe sesē lou uso ia e poto ma onosai. Ia 'aua le faataumatatao ae saili se togafiti i le faafesaga'i. A lē o lea e 'aua le amanaia le pola e motu i tua. E lē se aganuu le fefulitua a'i ma

Alamea
Pu'e Paul Brown

e faatoā tupu lea uiga ina ua galo mea tāua o le aganuu o le faaaloalo, o le alofa ma le feavata'i. O upu masoā ma upu faalumaluma poo upu taufaifai, ua ese mai lea i le agaga na faavae ai le aganuu ma le gagana, ae peita'i e tupu pea ia uiga i aso faisoo. A galo loa i le tagata ana tu ma aga faa Samoa ona aliali loa lea o uiga ia tatou te lē fiafia ai. Ma o uiga ia ua tatou ta'ua o tu faatufanua. Afai e oo mai fevesiaiga ma misa, o le gagana foi e tu i le va o itutaua ma fai lana anoafale o le aumaia lea o le leleiga i le va o itunalua. O le gagana e "fofō a alamea". O le alamea o le figota i le sami ei le ituaiga o le figota faafetu "starfish". A tuia ai se isi ona faataliaga lea o le alamea ae tuu i ai le vaega na tuia, ona mimiti lea e le alamea le mea oona lea na na tuu i le tino o le tagata. O le uiga lea o le muagagana e fōfō e le alamea le alamea. E fetaui tonu ini aiga, ni uso, ni fanau o loo fevaevaea'i ma femisaa'i ae avea se isi i totonu o lea li'o e fai ma alamea na te taumafai e fōfō le faafitauli. E pei foi o le upu a si 'ou tamā o Leiataua Sameli, a sēsē le tautai ia poto le atu. Afai e sēsē lou uso ia poto 'oe, ae leaga le taufai sēsē ma saga sēsē uma ai lava ma totofu uma ai atu i le itu o le ama. O lona uiga o le totofu uma ai i le sami.

Tala i le taua a Atua ma Aana faasaga ia Tuamasaga O le taua i le va o Atua ma A'ana faasaga ia Tuamasaga ua silafia e le toatele. Ina ua toilalo le itutaua a Malietoa Uitualagi ma Tuamasaga sa latou sulufa'i ma lalafi i le Ana o Seuao i le alalafaga o Saanapu, i Safata. Sa manana'o Atua ma Aana e faaoo le oti ma faamu le Ana. Peita'i sa i ai se tamā matua i le itutaua a Malietoa ma o lea tamā e po ona fofoga. Sa fai atu le toeaina i lona atalii e ta'ita'i o ia i le gutu o le Ana, ma o le loto toa ma le lava tapena o lenei tamā i le anoafale o le faatoga ma le faatoese na taofia ai le ma'ema'eā ma le to'atama'i o Atua ma Aana. O lenei foi tala o loo tau'a ai se lauga sili ona umi i talafaasolopito o le atunuu, o le lauga a le failauga Atua o Iuli mai le afioaga o Falefa faapea e lua ao lua po o lauga. O le taua foi lea na foai ai e Malietoa ia le motu o Tutuila ia Atua e fai ma togiola o Tuamasaga.

O le Anoafale o le Ifoga.

O le sala   *Pagota pulou i le toga*

O le anoafale lava lea o le faalelei o itunalua ua tula'i mai ai le tasi aganuu o le ifoga O le tasi lenei aganuu tāua tele ua tulaga ese ai Samoa mai le tele o isi atunuu. E tiga le matuitui o se agasala matuia ua uma ai se soifua o se tagata, e magalo lava i le ifoga e ala lea i le ifo o se aiga poo se nuu foi e ala i le pulou o le tagata solitulafono i se 'ietoga i luma o se maota poo se laoa o le aiga mafatia, faatasi ai ma matai uma o lona aiga poo matai foi o lona nuu. O le ā lava le tiga ma le o'otia o finagalo o se aiga poo se nuu foi e magalo fua e aunoa ma se sala. Ona o nei ona po ua faataunuu lava moliaga i le tulafono ua le taofia ai tulaga faa faamasinoga. Ae oo lava foi i tulaga faa faamasinoga ua tāua tele i filifiliga a le faamasinoga pe afai ua māe'a ona uia auala o le ifoga. E moni lava o le aganuu lea a Samoa sa fo'ia ai le maimau o le soifua o tagata ona o le malosi o le aganuu ma le faamatai. Peita'i e i ai foi ifoga sa lē talia ma tutupu ai faalavelave ona ua vaivai le faa Samoa, ae ao pea ina tausisia lenei aganuu sa faataoto ma saunia lelei e tua'a ua mavae.

Apia, Samoa i le tele o tausaga ua mavae
Photo Courtesy: Feleti Barstow Library

O le Anoafale o le Faafiafia, faavi'ivi'i

O le isi anoafale o le gagana ma le aganuu o le faafiafia, o le faaviivi'i lava lea. O le itu lelei lea o le gagana e fiafia ai le toatele, auā o le tagata soifua e i ai le taimi e faanoanoa ai e i ai foi le taimi e fiafia ai. O le gagana foi e maligi ai loifofoga o isi tagata ona o le o'otia o loto ma lagona o le tagata i totonu le mālū ma le suamalie o le gagana. Tatou te molimauina i taimi o faau'uga o alo ma fanau le tele o loifofoga maligi o matua, e tigā lava e lē o lana tama lea e lauga ina ua avea ma tama poo le teine e kapeteni i le faau'uga ae maligi ai fua nai ona loimata ina ua lagona upu faamomoi loto. Pe o le a foi se tulaga faigata ae a lelei ona faaaogā le gagana e matala gofie lava le faitotoa sa tapunia. O le muagagana masani: Poo le a se tulaga faigatā e matala mea uma i le faamolemole. O upu e faa'aogā e le tulafale e māsi'i ai i luga tau'au o le isi tagata, poo se tagata lē taualoa, ae a loto le tulafale e si'i i luga o le ma'a sālafa e mafai lava i ana upu. O le upu faafetai le isi upu tāua i le gagana auā e faaali ai i le isi tagata lona amanai'a i manatu o le isi. O le faafetai o le vivi'i lava lea i se mea na fai e le isi mo ia. O se faanoanoaga sili foi i le isi tagata pe a galo ona faafetai i ai ise mea lelei na ia faia.

O le Anoafale Faamafanafana

O le isi anoafale o le gagana ma le aganuu o le faamafanafana, pe faamaise i e faanoanoa ma loto nutimomoīā. O le vaega lea e agavaa tele ai le aufaigaluega a le Atua o loo fai ma so'otaga o tagata ma le Atua. O le ala foi lea a o'o loa se faalavelave poo se tasi ua amia e le Silisiliese e vave lava ona tapā le Faifeau, le Patele poo le Epikopo. Poo le a lava le faanoanoa ma le loto mafatia o nisi ae vave lava ona pa'i mai le mafanafana ma le loto tele i le anoafale o le faamafanafana e auala mai le aufaigaluega. O le ala foi lea e fai ai leo i taimi o le tu'umalo o se tasi e pele i aiga ma nuu. O le gagana e faa'ali i pesepesega, pe faa le tino pe faa le agaga le isi lea auala e faaaogā ai le gagana i pese ma viivi'iga. Ua popoto foi le 'au fatupese e fatu pese faamomoi loto e momoli ai le feau faamaise ma faamafanafana, faalototele, pe faafiafia foi. O v'iivi'iga o laufanua ma fatufatuga faaonapo ua mavae o loo faatāua pea e le 'au matutua, ae ua fesuia'i e tupulaga i nei onapo. O si a ta gagana lava e faapogai i pese faa anamua atoa foi ma pese o le talutalu fou.

O le taimi foi o faanoanoaga e tāua ai uō ma e masani latou te aumai upu faamafanafana ma faa lototele. E faasilisili i manatu le uso moni o matua ma aiga. Auā e moni le muagagana: "O le uō mo aso uma ae o le uso mo aso vale"

Ua ōia Le Gagana ma le Aganuu.

Ua i ai tulaga faigata ua tauau ina afaina ai le gagana ma le aganuu. Ua ofi mai i totonu i si gagana ae maise o le gagana faa Peretania poo le Igilisi. Ua toatele le atunuu ua malaga i atunuu i fafo ma ua seāsē o latou faaaogā le gagana Samoa sa masani ai a'o soifua i le atunuu. Ua tutupu mai foi alo ma fanau ua le faalogo o faaaogā e matua le gagana, ae le gata i lea ua le vaavaai i le aganuu o faatino e pei ona faia i Samoa. E oo lava foi i tagata Samoa o loo soifua i Samoa nei ua seāsē talatalanoa faa Samoa i a latou fanau. I se su'esu'ega na faia e le Kolisi Tuufaatasi a Amerika Samoa, sa silafia ai mai le afe luasefulu (1020) o tagata na aofia i lea su'esu'ega, na o le 67 pasene o loo faaaogā le gagana Samoa i totonu o latou aiga. O se fuainumera maulalo tele le nā o le 67 pasene, ae 33 pasene o loo tautala faa peretania i totonu o latou aiga i taimi uma. O lona uiga afai e seāseā o tatou faaaogā le gagana Samoa i o tatou aiga, toe vaivai le a'oa'oina o le gagana ma le aganuu i a'oga, vaivai foi tusitusiga o tusi i le gagana Samoa, vaivai foi le faaaogā o le gagana Samoa i nofoaga faitele e pei o tapuaiga faa le lotu, o talanoaga faa samasamanoa, ma isi lava avanoa 'ese'ese o le a le pine ae mou malie atu le gagana faapea foi ma le aganuu. Afai e mou atu le gagana o le a mou faatasi ma le aganuu. Talofa i le fale o le gagana ae maise foi o le aganuu ai o le a mou atu faatasi ma fale Samoa sa e mitamita ai ma ou fiafia ai. O fale tetele ma afolau sa pei o se teu fuga laau i totonu o afio'aga ma alalafaga ua suia nei i fale ua le foliga i fale papalagi mao'i ae ua 'afa Samoa 'afa papalagi. Ma ua aga'i foi ina 'afa'afa faapenā le gagana, ma o le a mou malie atu foi ma le aganuu. O le talitonuga o tagata atamamai i gagana (linguists) afai e oo i le iva (9) tausaga o le tamaitiiti ae le'i a'oa'oina ma tautala i lana gagana o le a matuā faigata ona toe a'oa'o ma iloa lana gagana i se tulaga e fiafia i ai. O se tulaga sili ona faanoanoa ai tagata matutua pe a talanoa pe fesili foi i se tama ma se teine talavou, ae tali mai i le gagana Peretania.

Pe faapefea ona faatumau pea le gagana ma le aganuu? Ua tatau nei ona a'oa'o le gagana ma le aganuu i totonu o a'oga uma ae maise o a'oga a le Malo ma Ekalesia. Ona pau lea o le avanoa e mafai ai ona faatumau pea le gagana ma le aganuu e pei ona soifua mai ai le atunuu i aso ua mavae. Auā na tatou ola ma soifua mai i aiga sa lē tau a'oa'oina le gagana auā sa tatou faalogo mai le pepemeamea se'i oo ina tagata matua sa faalogo i le gagana i aso uma, ae sa faamalosia le tautala ma le faitau tusi i a'oga a faifeau. O le aganuu foi sa tatou vaavaai i ai i totonu o nuu o faatino i fono a nuu, saofa'i, maliu, faaulufalega ma umusaga. Ae pagā ua le faapena aso nei. Ua le gata ina ofi mai gagana 'ese'ese ma ua tele ina faalogo ma faaaogā i tiotonu o aiga ma nofoaga faitele. O laitio ma televise foi ua televave ai le a'oa'o o gagana mai fafo ae maise o le Igilisi. Ona pau le avanoa o totoe o le a'oa'o o le tatou gagana ma a tatou tu ma aga sa masani ai i totonu o a'oga. O se lu'itau foi i matua ia taumafai e faaaoga le gagana i totonu o aiga, ma ia una'i fanau i a'oga a faifeau auā tatou te faamoemoe o loo a'oa'o ai le gagana ma le aganuu a Samoa.

O le Gagana Tuu Taliga Pe tuu gutu pe tuu taliga pe tusitusia foi, o le gagana sa ia faia lea matafaioi o le tuu faasolo mai i lea tupulaga ma lea tupulaga o talafaasolopito o Samoa. O tala o taeao o le atunuu ma mea na tutupu ai atoa foi ma tala o taua, le vaevaeina o vaega o le atunuu e Pili i lana fanau e iai Atua, Tuamasaga, Aana ma Aiga i le Tai. O tala foi na maua ai Tumua i Upolu ma Pule i Salafai. Faapea tala o le Tai samasama ma le alofisā o le Tuimanu'a ma Malietoa. O le gagana lava sa na tauave maia lea vaega tāua o le soifuaga o tagata Samoa? O le gagana na te faamaumauina talatuu ma tala faasolopito o le atunuu, ma o le anoafale lea e seāseā mafaufau i ai le toatele. O le talitonuga o tagata Manu'a i le afio o Faatui ma le Auvaa o Tooto'o faapea le Manuatele, e lē tusitusia o latou tala ae tuu gutu ma tuu taliga mai lea tupulaga ma lea tupulaga ma e leai se mea tatou faaseā ai i lea talitonuga auā o le auala lea sa o tatou soifua mai ai i senituli mai le foafoaina o le lalolagi ua ta'ua nei o Samoa. Sa tuu fofoga mai tala o Samoa mai i lea tupulaga i lea tupulaga. Peitai ua sui le tulaga ua i ai le gasologa o le soifuaga. Ua toatele le atunuu ua soifua i atunuu mamao, o le toatele o alo ma fanau i Samoa nei ua seāseā talanoa faa Samoa i totonu o latou aiga poo nofoaga faitele e pei ona faaalia i luga. Ua se'i vagana totonu o fale a'oga o le a maua i ai se fesoasoani. O falea'oga foi e moomia ni tusitusiga faa Samoa e tua i ai le a'oa'o ina o le gagana ma le aganuu i aso o lumana'i. O le tele o tala i gafa o Samoa faatasi ai ma Manu'a ma isi lava vaega o le soifuaga o Samoa anamua se manū e mou atu ma tatou lē iloa, ae ua tatou toe maua ona o tusitusiga a le alii foma'i Siamani o Dr. Augustin Kramer ua ta'ua: THE SAMOAN ISLANDS. Atoa foi ma isi tusitusiga a Dr. E. Shultz na tusia le SAMOAN PROVERBIAL EXPRESSIONS, faapea foi Mr. Pratt na tusia le Lolomifefiloi i le gagana Samoa faatasi ai ma le Lolomifefiloi a le alii misionare Metotisi o Rev. Alladice. O nei tusitusiga ua faaalia ai le tāua o le faamau i laupepa o tala o Samoa auā tupulaga lalovaoa o le atunuu.

E Tasi le Samoa ae Lua ana Gagana

O loo tuu fesili tagata pe fia ituaiga gagana? O le tali o lea fesili e 'ese le gagana faamatai, 'ese le gagana lautele. O le gagana lautele o le gagana lea e ta'u e nisi o le gagana faigofie, le gagana lea e faa aogā i soo se taimi e le lautele o tagata. Ae o le gagana faamatai o le gagana lea e ta'u o le gagana faa'alo'alo ma loloto ona uiga. O uiga loloto o le gagana faamatai ua faapea ai nisi o le gagana fenumia'i ma e seāseā malamalama ai tagata lautele ae o loo i ai uiga loloto o loo afīfī ai. O le gagana e faaaogā ai alagaupu ma tala faa anamua. O le gagana foi o matematega ma faalepo e pci o le tala i nisi tamalii sa fai a la matematega

O le tala i Faalepo. O le alii Savaii, ma le alii Upolu na fai a la matematega ona faapea atu lea o le alii Savaii i lana uō ina ua oo mai le taimi la te faamavae ai: "Afai e te malaga atu i lo'u motu ia avatu se tula o la'u lupe". Ua mavae aso e tele ma ua sauni le uō ua oo mai le taimi na tuupo ai e alu ai lana malaga e asiasi i lana uō. Ona sauni lava lea o le tele o tapenaga o lc malaga, ae maise o se tula o le lupe na poloai mai ai lana uō. Ua tapena fusi laau auā se tula ole lupe a lē na poloai mai, ma ua taunuu nei le malaga ma ua gasolo atu nei i uta ae ua tūtū mai le uō ma tu'uautilo poo fea o savalivali atu ai se tula o lana lupe. Ua mimita lē na malaga atu i le tele o fusi laau o tula o le lupe mo lana uō, ae ua faatei'a le fiafia i le faalogo atu i le sa'i mai o lana uō. Oi! o lou manatu 'ea e leai ni laau i lenei motu ua la'u mai ai na fusi laau. Na ou fai atu ia e sau ma aumai sa'u avā. Ua manumalo foi le alii Savaii auā ua lē mate'ia e le alii Upolu lana faalēpo.

E Iloa le Samoa i Lana Gagana ma ana Aga

O le muagagana masani: "E iloa oe i lau gagana", auā o upu e tautala ai le tagata e iloa ai o ia o se tagata ua a'oa'oina lelei i tu ma aganuu, pe o se tagata foi e le'i lava tapena lona sā e soifua ma ola ai i le atunuu. Ma o le isi lava muagagana masani: **"O fanau a tagata e fafaga i upu ma tala, ae o fanau a manu e fafaga i fugalaau matala"**.

O upu nei ma tala e fafaga ai alo ma fanau a le atunuu: Nofo lelei i lalo ma tautala ae 'aua e te tautala tu. 'Aua le 'ai pe inu tu pe inu ma 'ai savali foi, ma 'aua le soona tautala ma pisapisaō a'o tumu tagata. Faaaloalo i tagata matutua ma tu i luga ae ave lou nofoaga i tinā ma tamā matutua aemaise o totonu o pasi ma nofoaga faitele. Faatulou pe a e savali i luma o tagata tusa lava poo se tagata laititi atu ia te oe. E tāua i le tagata Samoa ona manatua, lona aiga, ma lona nuu. O le mea fo'i lea e a'oa'o ai fanau ina ia tautuanā ia faia amio e tauleleia ai matua, aiga, ma nuu, ae maise lava le faamamao ma amio e faalumaina ai matua, aiga ma nuu. O le muagagana e faapea: "E manumanu le tava'e i ona fulu" faapei ona mitamita le tava'e, le manu o le vateatea i lona fulu'umi i le si'usi'u., e faapea foi ona mitamita le tagata Samoa i ona matua, lona aiga, ma lona nuu. O la'ei o le mea e ao ina manatua e 'ese la'ei i atunuu i fafo 'ese la'ei e onomea i Samoa ae maise o totonu o nuu ma alalafaga. O tamaita'i e onomea le fai ofu e ufi ai taua'u ma le atualuma. La'ei i 'ie ae maise i totonu o nuu, e lē afaina lou ofuvae i le taulaga, ae afai o ofu vae pupuu tautuana e 'aua ne'i pupuu tele. E lē onomea i tama teine ona faatautau le foga ma fealua'i i totonu o se nuu. Taluai ua nonofo Samoa i fale faa nei ona po. Ia muamua tu'itu'i le faitotoa, tusa lava poo se fale o nisi o le outou aiga poo sau uō foi. Nofo i lalo pe a i ai ni tagata matutua ma nofo i le itu i tua o le fale. Faalogologo i faatonuga ma ni fautuaga ma a'oa'o lelei lou mafaufau i ni mataupu aogā e manuia ai lou lumana'i, ae 'aua le apotala, ma 'aua foi le lave tala. .O nisi upu e sui a'i le tulou o le faapea: ou te tautala atu i le tulaga vale, pe ou te tautala atu i tulaga sala, pe va e ane lava le paia ma le mamalu, pe vae ane o lo'u gutu ma le afi. Ua aliali mai i lenei tulaga le masani poo tu foi ma aga a Samoa o le ave lea o upu faaaloalo i isi tagata, ae ave tulaga maualalo ia te ia lava.

Ave upu faaaloalo i le isi tagata. O lou suafa ae o lo'u igoa, o lou alo ae o lo'u atalii pe o lo'u afafine, o ou tuaā ae o o'u matua, o lou maota poo lou laoa ae o lo'u fale, o lou faletua poo lou tausi ae o lo'u toalua poo la'u avā. O lou aao ae o lo'u lima (pogaivi), o lou aao ae o lo'u seuseu poo lo'u vae, o lou fofoga ae o o'u mata, o lou laualo ae o lo'u manava, o lou ao ae o lo'u ulu, o lou lauao ae o lo'u lauulu, e faafuga lou ao ae 'oti lo'u ulu, o ou laufofoga ae o o'u laumata, o ou oloa ae o o'u nifo, o lau soesā ae o la'u 'ava.

O mea e fai e le tagata e iai foi ona tapui: E te saunoa pe fetalai ae ou te tautala, o lou siufofoga ae o lo'u leo, e te faafofoga ae ou te faalogologo, e te silasila pe maimoa ae ou te vaavaa'i pe matamata, e te taumafa ma e tausami ae ou te 'ai, e te laulelei ae ou te ma'ona, e te tofā ae ou te moe, o lou tofaga ae o lo'u moega, o lou faatafa gasegase poo le taomia o le falaefu ma le apulusia o tofaga ae o lo'u ua gagau poo lo'u ma'i, e te tutulai ae ou te tu atu, e te faamālū, penapena, ma 'au'au ae ou te taele, e te alala susū pe afio ae ou te nofo, e te susū atu afio atu ae ou te alu atu, e te susu mai afio mai ae ou te sau.

E oo fo'i i galuega faatino ma fua o galuega. O lau faatautaiga pe o lau faatamasoalii ae o lo'u faiva, o fua o lau faaeleeleaga po lau velevelega ae o fuauli o lo'u maumaga poo la'u faatoaga, o lau taumafataga poo lau sua taumafa ae o la'u mea a'i, o lou saumolia ae o lo'u faaoso.

E oo foi i le gagana lautele e tauave pea le eseesega o 'oe ma a'u.. O outou alo ma a tatou fanau, poo lea: ia faalelei a'oga auā alo ma fanau a le atunuu o loo lalovaoa, o lo outou soifua ma so matou ola, poo lea: afai tatou aulia lea aso famoemoeina ma momolita'i i ai lo outou soifua ma so matou ola ona faataunuu lea o le faamoemoe. Afai foi ua aulia le aso na faamoemoe i ai ona faapea foi lea: Ae faafetai ua molita'i mai i le agalelei ma le alofa o le Atua lo outou soifua ma si 'ou nei ola.

O se fesoasoani i le toatele o loo fesēa'i poo le fea e tonu: A fesili atu se tasi poo ai lou suafa? E lē sa'o pe a e tali mai o lo'u suafa, ae sa'o lelei pe a e tali mai o lo'u igoa. A fesili foi se tasi ia te oe, o le a sou finagalo i le mataupu o loo finau ai ta'ita'i o le Malo? Ua lē sa'o pe a e tali mai o lo'u finagalo, ae sa'o lelei pe a e tali mai o lo'u manatu e faapea ma faapea. Ua lē sa'o foi pe a e faapea atu o la'u saunoaga i le aso o le fono, ae sili ona faapea o la'u lauga i le fono sa ou avatu ai so'u manatu e faapea ma faapea. Ua le sa'o foi pe a e faapea mai ua tuu mai ia te a'u ou te faia se saunoaga e faai'u ai le tatou mataupu, ae ua matua'i sa'o pe a faapea: O lea ua tuu mai oute faia se upu e faai'u ai le tatou sauniga. Toatele o le atunuu ua manatu ua faaaloalo pe a avatu upu faaaloalo faatatau ia te ia lava. Sa fesili le Tusitala i se tamā matua lava poo ai lona suafa, ae aumai le tali "o lo'u suafa o Lafai". Sa saunoa foi se tasi i se faapotopotoga tele ma faapea: "O le vaega mulimuli o la'u saunoaga e faatatau i e oi le taua". Saunoa foi se ta'ita'i i se sauniga ma faapea lana saunoaga: "O lea ua tuu mai e le pule o le Kolisi ou te faia se upu e faai'u ai le tatou sauniga". E lē o se faitioga ae o le faamatalaina o le tulaga ua oo i ai le atunuu i nei aso, ua galo ai tulaga masani ae ua faaaogā le gagana e fetilofa'i ai le toatele ma le maofa, ae o nisi ua aamu.

O se Aoa'oga Ia maua se malamalamaga o le au faitau i le mafua'aga o le gagana ma le aganuu. Ia malamalama foi i le fesootaiga o le gagana ma le aganuu. Ae maise o upu e ave mo isi ma upu e faaaogā mo ia lava.

O Fesili 1. O le a le uiga o le upu anoafale? Faamatala sou manatu pe ete ioe i le Tusitala pe leai foi? 2. O le a le uiga o fanau a tagata e fafaga i upu ma tala ae o fanau a manu e fafaga i fugalaau matala? 3. Faamatala sou manatu pe moni e tutoatasi le gagana ae lē tutoatasi le aganuu? 4. Faamatala le 'ese'esega o le gagana a matai ma le gagana lautele, pe moni e lua gagana? 5. Aiseā e ave ai upu faaaloalo mo i si tagata ae faamaulalo oe? 6. A e faamatala le aganuu a Samoa i isi tagata, o a ni uiga o le aganuu e tāua ia te oe? 7. O le a le uiga o le muagagana e iloa oe i lau gagana? 8. Faaali sou manatu pe tatau ona tusitusia tala faasolopito o Samoa pe tuu pea i le talitonuga faa Manu'a e le tusia ae tuu taliga? 9. Faaali sou manatu i le aganuu o le ifoga, pe tatau ona tau ave pea pe tuu pea le pagota e amo toatasi lana agasala? 10. O le a le 'ese'esega o le upu agaifanaua ma le aganuu? 11. Pe moni o le a mamulu le gagana ma le aganuu? O le a sou manatu? 12. O le a sau togafiti e mafai ai ona tumau pea le gagana ma le aganuu? 13. O ai e tuua'ia pe afai e te soifua mai 'oe o le Samoa ae e te lē iloa le gagana ma aganuu a Samoa? 14. Aiseā e faafitifiti ai le gagana ma le aganuu a Samoa. O se uiga fou poo se mea ua leva? 15. E te talitonu o le gagana ma le aganuu a Samoa e tautino pe faalilolilo? 16. Fai sou manatu. O a ni upu tāua o le gagana Samoa ma e te talitonu o ni upu lelei ae o e soifua ai? 17. E fia tausaga ole olaga o le tagata ia oo i ai ua iloa lana gagana ae a leai ua faigata ona toe a'oa'o? 18. O ai le ulua'i faiaoga o le gagana i lou aiga? 19. Faapefea pe a leai se isi o lou aiga e a'oa'oina oe? 20. Fai sou manatu i le gagana o matemategoa, poo se gagana faalilolilo, poo se gagana e lua uiga. 21. O fea tonu e tatau ona toe a'oa'o ai le gagana ma le aganuu pe afai e lē o totonu o aiga? 22. O le fea tusi mai le anoano o tusi ua i ai i le gagana Samoa o loo maopoopo ai le gagana Samoa?

Fesoasoani mo le Faiaoga Faataita'i i le vasega le tautala faaaloalo pe a talanoa i isi tagata, ma upu e fai faatatau ia te ia lava. Faamatala le uiga moni o le gagana ma le aganuu ma lo la fesootai'ga. Talatalanoa i le gagana faalilolilo, poo matematega, poo faalepo, poo le lua o uiga o se faamatalaga e pei o o le tula o le lupe ae mulimuli ane o se avā Talatalanoa ma le vasega pe faapefea ona faatumau le gagana ma le aganuu.

MATAUPU E LUA

ANOAFALE NA FAAPOGAI MAI I VAEGA ESEESE O LE SOIFUAGA O TAGATA SAMOA

Ua māe'a ona faamatala le fesootai'ga o le gagana ma le aganuu, ae o le a taumafai le

Maota o Samauū

Saofa'i Alo i Fagasa

Tusitala e faamatala le mafua'aga o le tele o vaega o le aganuu sa faapogai mai i isi vaega e pei: O le feoa'i o le atunuu i malaga, o aganuu na mafua mai i totonu lava o faiga nuu, o aganuu e tupuga mai i le faiva o le tautua, o aganuu na mafua mai i la'ei ma teuga., atoa ma isi aganuu ua seāseā faatino i onaponei ma nisi aganuu ma gagana o loo 'ese'ese ai manatu ma talitonuga. O le a taumafai le Tusitala e faamatala ta'itasi ia gagana ma ia aganuu.

Aganuu na Mafua mai le Femalaga a'i o le Atunuu

Sa mātele le atunuu e feasiasia'i i isi motu po isi vaega o se motu, ma o le tele o ia faigā malaga sa faaaogā paopao, o nofoa tolu, o vaaalo, o alia, o tulula ma fautasi. Afai e toatele le aumalaga ma mamao foi le mea e faamoemoe i ai se malaga o le alia ma fautasi sa faaaogā. I le ogatotonu o le senituli e sefulu ma le iva a'o le'i taunuu misionare i laufanua ma laueleele o Samoa sa faaaogā tele e Samoa alia i faigamalaga ma o le tele o ia femalaga'iga o le sii o faletautu a se nuu i taupou o isi nuu, poo ni soo ani nuu, poo ni siigatoga i se tuumalo o se alii tele. O nisi malaga o le sii taua o le isi nuu poo le isi itumalo i le isi itumalo. A'o le'i toa'i taunuu ia misionare i laufanua o Samoa, sa malosi ai le fuavaa a le motu o Manono i lalo o le ta'ita'i o Leiataua

Tamafaigā Tonumaipe'a. Sa fia faatoilalo e nisi vaega o le atunuu ia le fuavaa lenei a Manono ae le mafai ona o le malosi ma le lelei o le faitaua a Tamafaigā. .O le taimi lea ua i ai i Samoa ni faioloa mai atunuu i fafo ae maise o Siamani, Peretania ma Amerika ma sa latou aumaia ni vaa e ta'u o tulula poo "whale boats". O vaa sa faaaogā e fagota ai i'a mānu o le tafolā, poo "whales". Sa faaaogā e alii faioloa nei tulula e la'u ai oloa ae maise o popo faala poo "copra".Ona fausia ai lea e ni tagata mai fafo le ulua'i fautasi.

Tala i le ulua'i Fautasi O le naunau o tagata i nisi vaega o Samoa ae maise o le motu o Upolu e fia manumalo i le fuavaa lenei a Manono, na mafua ai ona soso'o faatasi o ni tulula se lua. O tulula e lua ua sosoo ma maua le vaa e tasi ma ua faaigoa o le fautasi. O loo tau'a i tusitusiga a Ioane Viliamu le ulua'i Misionare o le Ekalesia Sosaiete a Misionare i Lonetona poo le LMS le tala e faapea: A'o aga'i atu lona sa i Savaii sa ia vaaia ai se afi tele i se vaega o Aana. O lea afi na faataunuu ai e le itutaua a Manono ma ona fesoasoani mai vaega eseese o Upolu ma Savaii se sauaga tele i lea vaega o Upolu ona ua maliu fasia lo latou ta'ita'i o Leiataua Tamafaigāaiga Tonumaipe'a.

Na amata mai le taimi o le taunuu o Ioane Viliamu ma le toai taunuu mai o misionare o isi Ekalesia, sa matuā aogā ai fautasi mo le femalaga a'i o misionare ma ekalesia i le faasalalauina o le Talalelei. E le gata i le faasalalauina o le lotu, ae sa aogā tele fautasi i tauaofiaga a nei Ekalesia. O le Ekalesia LMS sa tauaofia ma o loo usuia

Alia Rarotonga

pea a latou Fonotele i Malua i tausaga taitasi, ma sa taufai gasolo mai Savaii ma Upolu i Malua i fautasi. O se vaaiga mataina le tele o sa mananaia i le gataifale i Malua i taimi o ia fonotaga. O le Ekalesia Metotisi sa tauaofia i alalafaga eseese i Upolu ma Savai. O aso ia sa tasi ai le Sinoti a Samoa i lalo o le Koneferenisi a Ausetalia. A'o le tausaga 1964 na Tutoatasi ai le Ekalesia Metotisi i Samoa i lalo o lana lava Keneferenisi. Na amata mai i lena tausaga ona tauaofia muamua i Matafele i Apia ae mulimuli ane ua tauaofia nei i Fogaa i Faleula. Talu ai ua lelei auala i vaalele ma vaaafi ua lē toe faimalaga ai Ekalesia nei i fautasi pe a usuia fono faa-le-tausaga. .

Ona o matua o le Tusitala sa faifeau i le Ekalesia Metotisi o lea sa masani ona malaga ai i fautasi ao faagasolo Sinoti i se nuu o Upolu poo Savaii. O le ala e eseese ai nuu e tauaofia ai Sinoti ona e tuu ofo mai nuu, o nisi taimi e lua pe tolu ni nuu e ofo i le taimi e tasi ona filifili lea e le misionare o loo faauluulu i ai le Ekalesia le nuu e fai i ai faatali isi nuu se'i faasolosolo. Sa le'i faigofie i nuu le lē taliaina o a latou ofo mo le sinoti. O nisi taimi a faigata ni finauga poo ai le nuu e fai ai le sinoti i lea tausaga ona filifili lea i le nuu e sili le latou taulaga faa le tausaga.

Ulua'i feiloai'ga a le Tusitala ma ona matua: E manatua ai e le Tusitala le ulua'i taimi na faatoā feiloa'i ai i ona matua moni ae faatoā lima pe ono tausaga. Ona o le Tusitala na vaetama i ai Siilima le tuafafine o lona tamā, ao faanofo ona matua i Leloaloa, Tutuila. Sa toe siitia ona matua i Satufia Satupaitea. O le taimi lea na malaga atu ai ona matua ma le la aulotu mai Satufia, Satupaitea e ō i Salani, Falealili, o le nuu na tauaofia i ai le sinoti i lena tausaga. O lea na afea ai Salamumu ma ave ai le Tusitala i le latou fautasi ma faaauau atu ai aga'i i Salani. E ui sa lagona le fefe ona o le lē masani i ona matua ma le anoanoa'i o nei tagata e lē masani ai, ae sa ou lagona se fiafia i le malaga i luga o le fautasi. Sa maitauina le malolosi o le auvaa a'o alo i lea apefoe ma lea apefoe. Sa mataina foi foliga o le au taualo e leai ni ofu pe na o mitiafu lima mumutu. E sisina ifo le afu toe ina a punitia ai le vaai, ae le mafai ona aapa a'e ma solo, auā a sasi le foe ua faaletonu uma ai ma isi foe tuaoi. Sa tumu le fautasi e le gata i le autaualo ae o le aumalaga poo le au tapuai o matai, o fafine ma teine o le ao'ga a le faifeau, o o'u matua ma matou tamaiti. O nisi o le au tapua'i sa nonofo i le fola o le taumua, ae o le faifeau ma lona faletua ma matai matutua sa nonofo i le fola o le taumuli ma o iinā sa maua ai lo'u nofoaga e faafesaga'i lelei ma le a'u alofoe. A tigaina le au alofoe ua usu se pese, ma soo se pese lava e pei o le pese a tamaiti: "Ou sau mai gautā o tautau atu pe'a e fa o le pe'a a lo'u tinā ma le pe'a a lo'u tamā ae tuu nisi pe'a e faalava ai le napiā, i 'a i 'ā. O le taimi lena o le tatope o le aloga o foe, ona faai'u ai lea i le "Nonu a togi a togi ē, ē a togi ē, nonu a togi a togi ē, ē a togi ē, sosoo ai ma le tosōa ioa, tosōa ioa, e amata i le gese ae i'u i le vave ma vave ai foi le aloga o foe. A malosi se apofoe, e te faalogoina le mane'e o lou tino aga'i tua ma toe aga'i i luma, ae o le pa'ō foi o pine ma foe i luga o oa o le vaa e pei ni tata a se lali e faagesegese ae i'u ina tatope le pa'ō ma lana talua.

E pau le mea e fai a le au tapua'i o le faamalō i le au taualo: "Malo le pale, malo taualo, malo le fitā, malo le faamalolosi" poo le usu foi e latou o se pese: "Faafetai le fitā, faafetai le galuē". Afai foi e seāsea faalogoina se faamalō mai le 'au tapua'i ona faapea mai lea o le ta'ita'i o le auvaa, a na o le nofonofo e'a ae o se pese poo se faamalō foi se'i tou aogā ai, ona taliē foi lea. O matai poo le ta'ita'i malaga nate maitaua uma vaega o le motu ma ua na iloa le nuu o le a afe ai le malaga. Ona fetalai lea faapea faamalolosi ma tuutuu atu a outou foe ua lata mai le nuu lenā e malolo i ai le malaga. O le taimi lea faatoā faalogoina ni leo fiafia i luga o le fautasi e lē gata i le auvaa ae o le au malaga atoa. A taunuu loa i le nuu na faamoemoe i ai le malaga, ona faalogo lea i le tatagi o le faaili ae alu uma i luga foe ae ifo faatasi i 'autafa o oa o le vaa, ma o pine ua faaapili i tafatafa o le nofoa se'i ao mulimuli. Ona muamua lea o matai ma le faifeau ma fafine i le maota poo le laoa, ae la'u e taulele'a le uta a le malaga. O le nuu foi poo le aiga ua latou faafeiloai mai ma le fiafia, pe fiafia pe lē fiafia foi, ae o le aga a le Samoa o le mata 'ata'ata, auā e fai i ai le upu: "E mulia'i mai le foli ae o le oli."

Sa talatalnoa taulele'a aga'i i le malaga ma le mafatia mai le vasa. Sa muimui nisi i le foeuli a le isi matai, fai mai e taofoofi e le uli a le matai lea le vaa i le faa'a'ai o le foeuli. Ae tatao mai isi, o le mea lea e lelei tele pe a uli le faletua ona e se'e ai le vaa. E lē tioa ona o le faletua na soifua i le motu o le 'au alofoe e oo lava i teine ma fafine. Sa le kea lava le 'aualii i lo'u faalogologo ai i ā a latou tala. E ui sa lagona lo'u fefe ma lē masani i o'u matua, ae sa lagona le mimita faa tamaitiiti i le ta'ua o le lelei o le uli a lo'u tinā. E 'ese foi le manaia o le folau i le vasa ma afeafe solo i nuu eseese, ma ou te faafetai ua oo i ai lo'u olaga i lenei vaega o le aganuu ua lē toe oo i ai i nei aso. O le aganuu tonu lea e faasino i ai le alagaupu:"**O le tu'utu'u la'au faa manu iti.**" Faapei o le lele a le manu iti ma tūtū solo i la'au a'o agai atu lana lele i se isi vaega o le motu poo le lele atu foi i isi motu, ua faatusa i ai malaga afeafe solo a le atunuu i aso ua mavae. Sa faaauau le matou malaga i Salani ma o se vaaiga manaia le taunuu faatasi ma isi fautasi mai Savaii ma isi nuu o Upolu. Sa tumu le gataifale i tagata o le nuu e faatali le gasolo atu o fautasi mo le Sinoti. Na o le faifeau ma le faletua faapea le usufono sa auai i le fonotaga ae o le toatele sa o atu e tapua'i, e tāfafao isi, ae maise lava o le tele o taumafa.

O le Tala i le Taumuasila·

Ua mavae le taunuu o le uluai misionare o Ioane Viliamu ma le molimauina o le afi tele i Aana ona o le tauia o le tuumalo fasia o Leiataua Tonumape'a Tamafaiga. Ua mavae foi le taliaina e Malietoa Vainuupo o le Lotu Taiti i Sapapalii ma maua ai le uluai taeao o le Lotu i Matāniu Feagai ma le ata. Ua mavae foi le mavaega a Malietoa Vainuupo ia faamuta ia te ia le toe i ai o se Tafa'ifa e fai ma Tupu o Samoa. Sa manatu o le a nofo filemu ai le atunuu o lea ua faa kerisianoina. Pcita'i e leai, sa toatele sa le malilic i le mavaega a Malietoa Vainuupo ona ua faamuta ai lo latou aiā i le Tofi o le Tupu Tafa'ifa. O le tasi o ē na tete'e o Malietoa Taimalelagi le uso taufeagai o Malietoa Vainuupo. O lona tetee na le gata ina ia teena le lotu kerisiano ae sa ia toe faaolaola le taua ma Aana ma Atua e pei ona sa ta'ita'i e Leiataua Tonumaipe'a Tamafaiga ma Malictoa Vainuupo a'o le'i taunuu le Talalelei. O le taimi a'o malosi lenei taua na fausia ai e se alii mai Amerika sc alia na faaigoa o le Taumuasila. O le alii Amerika o Eli Hutchinson Jenning, o le tupu'aga o le aiga o sā Jennings i Amerika Samoa o le ulua'i alii lea na na fausia le vaataumualua o lc "Taumuasila" ona e fai le taumua i 'apa malō. O lea vaa na fausia ona o le talosaga a tagata o itumalo o Atua ma Aana ona o le latou fia faatoilalo ia Malietoa Taimalelagi ma lc fuavaa na faaaigoa o le fuatāvaa a Manono. Na manuia nai osofa'iga a lenei vaa i le fuavaa a Manono ae le'i mafai ona faatoilaloina ona o le malosi e le gata i le fuaavaa ae o lona ta'ita'i 'au a Malietoa Taimalelagi..

Tulula mo malaga i nuu lalataane

Tulula. O le tulula lenei na ave ai le ulua'i asiasiga a le Tusitala ma lona pule, le susuga a Thomas Hatakeyama i le nuu o A'asutuai. O le asiasiga muamua lea ina ua faatoā amata le galuega i le Ofisa o Faatoaga, i Amerika Samoa i le 1964. Ona o le faigatā ona sopo mai A'asufou auā e le'i oo i ai ni taavale i Aasutuai, o lea na sau ai le tulula i Fagasa ma avatu ai ma'ua.

E toalaititi lava tagata sa nonofo ai pea i le nuu, ae toatele ua nonofo mau i Aasufou. Sa vaaia tuugamau o tagata Falani o loo i le matāfaga, ae ua amata ona lofia pe a sua le tai. O tausaga taitasi o loo sau ai se Setima a le Navi Falani ma faaee se teu fugalaau (wreath) i luga o le tuugamau ma fai ai se sauniga e faamanatu ai o latou fitafita seila na fāsia ona ose feeseeseaiga ma tagata A'asu. O le tala tuufaasolo na faapea o Laperose le kapeteni Falani ma lana fuavaa na taunuu i A'asutuai ia Tesema 11, 1787. O le Lutena e suafa ia De Vasseau Vicomte de Langle o ia foi o le kapeteni o se tasi o setima Astrolabe o le fuavaa lava a Laperose na maliu faatasi ma nisi seila a'o ō e utuvai i A'asu. O le alii o Laperose, poo La Perouse sa fai lana tala e uiga i tagata Samoa. O tagata o nei motu o tagata sili ona fiafia ma manuia oi le lalolagi. "These islanders, said we, are without a doubt the happiest beings on earth".

Nofo Faatali ma le Talimalo

O le tele o aganuu a Samoa e mafua mai i le nofo faatali poo le taliga o malō fegāsoloa'i. Ua faitau eseese le atunuu i ana tu ma ana aga ma le faatinoga o le aganuu. O le a lē aiā lenei tusitusiga ini manatu eseese e 'ese mai i manatu o le Tusitala auā o le atunuu e talalasi, e lē aiā foi moo i liu o vaa, auā e tonu lava le tagata i ona manatu. Ae ua manatu le Tusitala atonu e aogā foi lenei tusitusiga e faatupu manatu, ma faaosofia ai moegaluaga i finagalo ma manatu o nisi Tusitala o le atunuu. O le mea sili ona tāua e lē o le eseese o manatu ma taofi, ae o le faaali ma tusitusi auā alo ma fanau, tupulaga lalovaoa o le atunuu. E moni ai nisi molimau e fesuia'i lava faiga ae tumau lava faavae.

O le Talilumafale i Malo

O le tali lumāfale o le faa feiloai i le taimi taunuu, ma le ulua'i tausiga (mea 'ai) e faatali ai malo. O aso nei o se ti faapapalagi, ae o le faausi lava ma se koko Samoa ua totoo ma suamalie sa talilumāfale ai Samoa i aso anamua. E mulimuli fai se alii taeao poo le usu i malō ae ao lava ina muamua se talilumāfale. O le vaega muamua lea o le nofo faatali a se nuu poo se aiga ina ia lelei le ulua'i feiloaiga ma malō. E iloa gofie e malō lo latou talileleia pe afai e lelei le talilumafale.

O malo na lē lelei le Talilumafale Sa i ai se malaga sa malaga atu i le fautasi. O se malaga ua leva ona faatali i ai se afio'aga ma ua sauni foi alii ma faipule o le nuu mo le taimi taunuu o le malaga. E le'i leva ona taunuu ma mapu i le fale ae sau loa le usu a le nuu. Ae le'i lelei ona nofoi o le usu ae sa'i loa le tulafale o le malaga ma faapea: Oi a tou o mai lava o lea e le'i mātū a'e la'ei o le malaga, o lea e susu o matou lavalava mai le vasa. O lona uiga ua muamua mai le usu ae o fea se talilumāfale. E iloa mai foi i le uiga o le upu o le faatali lea a se nuu ae maise pe afai o se malaga tāua. E tele lava foliga o le talilumafale, poo faatali ma faafeiloai i luma o le fale ae o le mea tāua o se

taumafataga. Sa faamaulalo le usu a matai i le malaga mamalu ae i lena lava taimi na sau loa ma le talilumafale a le aiga.

Ua tali i le tai le malaga. O le uiga o le tali ile tai o le malaga e faatatau i le vave sau le usu e le'i te'a lelei mai i le sami le malaga. O le i si lea faaupuga e iloa ai o luga lava o le sami ma vaa o le gataifale na malaga ai le atunuu i aso ua mavae. O le isi lea ta'u o le vave o le usu ae le'i faia se taumafataga a se malaga. O tulaga ia e ao ona faaeteete i ai se nuu poo se aiga foi, auā poo a nisi lauga e fai mulimuli ane ua le manuia le amataga o le feiloai'ga. O lona uiga o le a matuā liliu loa o le afio'aga e tausi faalelei le malaga, se'i oo ina faamavae Ona o le lē mau manatu foi o le nuu, ae mafai lava ona faapea: ua matou ō mai se'i tali faatasi le sua ma tatou feiloai ona mulia'i lea o se tatou agatonu.

O le Talimalo i le Aliitaeao ma le Usufaaaloalo

O le upu aliitaeao e faatatau i le usu a tamalii, ae o le usu faaaloalo e faatatau i

faleupolu. Afai loa ua māe'a le taumafataga a le malaga ona sosoo loa lea ma le aliitaeao ma le usu faaaloalo. O le tele o usu a le atunuu sa faataunuu lava i le taeao. O le mea foi lea ua ta'u ai ole aliitaeao. Ae tele nisi aliitaeao ua lē faia i le tacao ae o le afiafi, o le mafuaaga o lea tulaga ona o aso nei ua tele ina mau galuega le atunuu ae maisc o afio'aga e latalata i le taulaga. Po o le a lava le taimi o le aso, ua iai fo'i le faaupuga faapea: O le tacao liugalua. O lea faaupuga ua faigofie ai ona talia soo se taimi o le aso. Afai ua nofoia e le malaga le maota po'o se laoa. Ua nofoia pou o le tala e tamali'i, o le ali'i sili o le malaga i le pou ogatotonu o le tasi tala, ae o isi alii ua alala faasolosolo i le itu i luma o le alii sili, poo le itu i tua e faatatau lava i tulaga e masani ai i totonu o le latou nuu. O tulafale o le malaga ua alala foi i pou o le atualuma o le maota amata mai i pou o lauga i le itu i luma ona faasolosolo atu ai lea se'i oo i alii o le malaga. Ua oo mai nei le solo a matai o le nuu ma e tofu le matai ma le 'ava ua muai faatalofa male malaga ma ua faapena fo'i ona nofoia le itu a le nuu i le afio o le ali'i sili o le nuu i le isi pou ogatotonu o le isi tala poo le pou o le matuatala, ae o isi tamali'i ua alala faasolosolo i tafatafa o le ali'i sili i lona itu i luma ma lona itu i tua e faatatau i o latou nofoaga i totonu o le nuu. O tulafale foi o le nuu ua alala i isi pou o lauga i le atualuma o le fale ma faasolo atu ai agai i tamalii o le nuu. E fa pou o lauga pe afai o se fale tele, ae afai o se afolau o pou e fa o le atualuma o pou na e ta'u o pou o lauga, ma e vaelua i tulafale sili o le malaga ma tulafale sili o le nuu. E muamua alala le malaga faatoā o mai ai le usu a le nuu. E mamalu foi ma matagofie ae toatele nisi e aua'i i se aliitaeao ae maise pe a tofu ma le 'ava. A māe'a ona nofoia o le malaga ma le nuu i le maota ona faatulima lea o le nuu i le afio o paolo ma gafa: Fai uma faalagina o le malaga i le paia i maopu ma usoalii ma taumafaalofi ma le paia o lo la toafa, pe afai o le afioaga o Nuuuli i Tutuila, mo se faata'ita'iga.

Vaega o le maota mo le malaga ma le nuu. Ua faavasega fo'i i le aganuu le itu o le maota e alala ai le malaga ma le itu a le nuu. O le itu agavale o le fale pe a faasaga mai

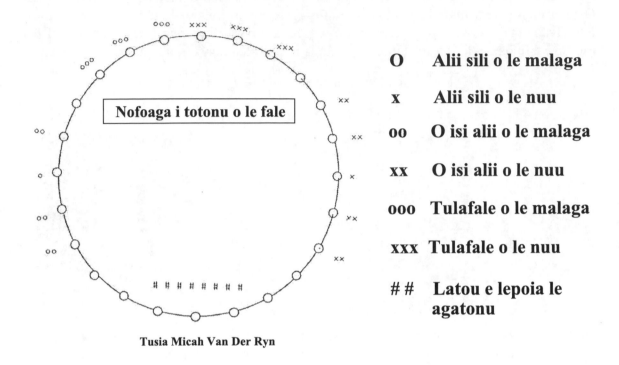

O	Alii sili o le malaga
x	Alii sili o le nuu
oo	O isi alii o le malaga
xx	O isi alii o le nuu
ooo	Tulafale o le malaga
xxx	Tulafale o le nuu
# #	Latou e lepoia le agatonu

Nofoaga i totonu o le fale

Tusia Micah Van Der Ryn

le itu i tua o le itu lea e alala ai le malaga, ae o le itu taumatau o le itu a le nuu. O le itu a le nuu e i ai le tufa'ava ma le sui'ava, ae o le itu a malo e i ai agai o le tanoa.

E amata i le sufi'ava. E tele nauā tusitusiga ua uma ona tusia ai le faiga o usu, poo aliitaeao. E lasi fo'i mafua'aga o saofa'iga ma mea e mafua ai ona fai se aliitaeao. Ua tele foi tusitusiga ua tusia ai lauga faafeiloai poo le lauga tali a se malaga. Ae o le a amata mai le faamatalaga i le aoina o 'ava sei'a oo i le moto o le agatonu. E mua'i fetalai lava le tulafale o le nuu, o ia lea e sufia 'ava. E mua'i faatulou lava i le taeao usu ma le mamalu o le malaga i ona upu faalupea. Ona faa'iu lea faapea ana upu: "Ia 'e'e maia i o outou seetaga malū, ae se'i ou liliu ane e saili se 'ava mu'a auā le tatou fesilafaiga". Ona liliu lea i le itu o le nu'u ma faapea atu, "o le afio o Alii e lua, o maopu, sa peseta ma usoalii, Sale'aula ma lau faatufugaga sasao maia so tatou 'ava faatali auā se agatonu o le tatou taeao fesilasilafa'i". E 'ese'ese faiga a nu'u, o nisi nu'u e mua'i sao 'ava o tulafale ona faatoā aami ai lea o 'ava o ipu a tamalii, a'o nisi nu'u e muamua 'ava a tamali'i. E sili i le taofi o le Tusitala ona mulimuli ona aami ava o ipu a tamali'i ina ia faatietie i luga o tugase. E vave fo'i ona tau i ai le folafola 'ava, i lo le laga mai le tā'ele. O le tele o nuu i Savaii ma Upolu e uma loa ona sao o 'ava sii sa'o loa i malō, a'o Tutuila e muamua fai upu faafitifit ale sufi 'ava ona faatoā si'i ai lea o le fala 'ava i malō. E le aiā le Tusitala e faapea atu o lē fea e sa'o. Pau o lenei: o le galuega a le sufi'ava o le aoina o 'ava, ae o le faafiti 'ava o le galuega lea a lē o le a lauga. A'o toso le fala'ava i luma o malo o le tulafale ua sauni e folafola 'ava na te po le fala e faailoa ai o ia lea e faia le galuega. Na te liliu le fala ina ia ū si'usi'u o 'ava i le malaga, a leai e faaū si'usi'u i le ogatotonu o le fale. E mua'i tatala foi lona ofu, ma afai fo'i o fai sana faasolo ia to'ese muamua lena. O nisi afio'aga i Manu'a e sao mai i tua 'ava ona faatoā aumai ai lea i luma o malo, o nisi taimi e sao lava i tua ma folafola mai ai i tua 'ava o le usu.

O le Tala i le Failautusi na sesē le Nofoaga. Sa auai le Tusitala ao avea ma faatonu o Faatoaga i Amerika Samoa i le malaga asiasi a le Afioga a Kovana Uifaatali Kolumane i le motu o Manu'a ma sa amata mai i le afio'aga o Olosega. Sa maoa'e le nofofaatali a le Afioga i le Tuiolosega ma lana Malelega, ma fetalaiga i Tootoo. Sa na o le tulafale o Atofau Kelemete o Leone ma le Tusitala matai o le malaga, ae toatele lava i alii ma tamaita'i failautusi a le Kovana. O le tofa a Atofau o le tulafale sa valaau faapitoa e le Afioga a Kolumane mo le malaga ma sa alala i le nofoaga masani i le atualuma. Ona manatu lea o le Tusitala, e ui ina o au o le alii, ae sa ou sauniuni ou te folafolā 'ava. Peita'i ane, ua 'ese foi le aganuu a Olosega ua sasao ane i tua 'ava o le aliitaeao, ma folafola mai ai lava i le itu i tua. O le afiafi na fai ai le aliitaeao. Sa le afaina lea tulaga auā ua ese foi le aganuu a lea afio'aga, ma ua lē faia ai sa'u galuega ac na o le tofa a Atofau na fetalai e tali fuaitau i le fetalaiga a le tootoo. I le taeao na tuaoi na usu mai ai le faigāmalaga i le motu o Ofu ma sa aliitaeao le Afioga ia Misaalafua ma Tamafaalagia ma le fetalaiga i Tootoo ma upu ia te i lau'a le Ofu. Sa ou manatu o le a faapei o le aliitacao i Olosega le folafola mai i le itu i tua o 'ava o le usu, o lea sa ou lē nofo ai i le nofoaga o lauga ae sa ou faaseesee latalata i le matuatala. Peitai o se tasi o failautusi tamaloa a le alii kovana ua nofoia nei le nofoaga sa ou nofo ai i le aliitaeao i Olosega. Ou te lagona e le'i malamalama le failautusi i le uiga o le nofoaga lea ua alala ai. Ua sao nei 'ava ma ua lē folafola maia i tua e pei o Olosega ae ua toso mai le fala 'ava i luma ma tuu tonu lava i luma o le alii failautusi. Ua matua pula le alii failautusi ma ua lē iloa poo le a lea mea ua tupu, ae o matou faatasi ma le alii Kovana ua le iloa pe matou te toē pe leai ae ua oomi le 'ata ma manatu o le tagata ia. Ona ou faatoā seesee ai lea ma folafola le faaaloalo ua opea i le malu. Ina ua na o le malaga na faatonu ai e le alii Kovana ana failautusi e 'aua le soona nofo, ae ia iloa le tāua o nofoaga i totonu o maota ma laoa o le atunuu. Ua ou faamatala lenei tala e faailoa ai le tāua o le silafia e tagata nofoaga i totonu o maota ma laoa. O se fautuaga foi mo nisi e lē silafia, o maota ma laoa o Samoa ua uma ona tofi, ua iloa pou o matuatala e afifio ai tamalii ma pou o le talāluma e alala ai faleupolu. E ao ina iloa muamua ia 'oe poo se tulafale poo se alii ona e le nofo lea i se nofoaga e le feauga ma 'oe.

Usu faaaloalo i le malaga a le Afioga A U Fuimaono ma le Tusitala. A'o galulue le afioga i le Gafatasi ma le Tusitala i le Ofisa o Faatoaga i Tutuila sa alu ai se ma asiasiga i Tau, Manu'a. Sa faatali le ma malaga i se aliitaeao a afioga i Alii Faatui ma Tootoo. Sa faatei'a le Tusitala i se aganuu fou o le sao i tua o 'ava ma faasoa mai lava i tua. Ae o lenei foi ua toe aliali mai e pei o le usu i Olosega ma Ofu. Pau o le mea ua 'ese o le faiga i Ofu o le sao i tua ae toe aumai le fala 'ava i luma. O se faamalamalamaga ase matai Manu'a e faapea: O le aganuu o le sao i le itu tua o 'ava e tutusa uma ai afioga i

Manu'a. O le aumai i luma pe folafola mai i tua e fua poo i ai se tulafale i le nofoaga o le folafola'ava. Afai na o tamalii le malaga ona sao lea i tua ma folafola mai lava i tua.

Ae se'i toe foi mai le tatou tala i le gaosiga o le aliitaeao masani. E pule lava le folafola 'ava i ana upu e fai ma le umi o lana folasaga. E sa fo'i ona faalavelave se tasi i le folafola 'ava. O le mea fo'i lea ua manatu ai nisi o le aumalaga ia lelei le tagata e folafolā 'ava, auā a taofi ma lē sao le latou lauga, ae ua uma ona fai e le folafola 'ava le lauga. A uma loa lana folasaga ona faasilasila loa lea o 'ava. Ua i ai le latasi, lua lupesina ua i ai, ua i ai le matimati mai vasa, ua i ai fo'i 'ava tugase, ia faaete'ete e 'aua le ta'ua le upu o tugase felafoa'i auā na o taimi o le vevesi e i ai tugase felafoa'i. Afai e i ai ni fasi 'ava ona faapea lea ua i ai fo'i ma una o le 'ia sa, ae afai o i ai ma uso, ua i ai foi ma fetaia'i ma uso, a ao le malō ua lava ma totoe. O lea o le a fai i ai la'u pule. Ona faasoa loa lea o 'ava i malō, ae muamua lava te'a se tugase laititi ae anoa lelei i aumaga e tu'i ma palu e le taupou auā le agatonu o le aso. Ona filifili lea o se 'ava sili ona telē. O le latasi lenei o le a te'a o le 'ava o le ipu a le ali'i sili o le malaga. Ona faasoa solo lava lea i nisi tamali'i o le malaga. Afai fo'i e lava le faasoa ona te'a fo'i lea o se isi 'ava feololo mo le ali'i o le nu'u. A'o 'ava o totoe o le a manoa i inei e leoleo ai lo tatou aso, poo lea: leaga e umi taualumaga o lo tatou taeao fesilafa'i. O le fautuaga i taulele'a e ailaoa 'ava o ipu ia ū i luga ulu o 'ava, ae lē o le 'au. O lenā e te faasilasila aano o le 'ava ae le o le 'ata poo le 'au.

O le Faatau:
O le isi lea vaega tāua o le aganuu o le faatau poo ai se tasi o le a faia le lauga. Soo se mea foi e lauga ai se tasi e fai ma sui o le toatele e ao lava ona faatau muamua i le mamalu o le aofia. E matuā finau tulafale i le lauga, ae maise lava pe afai o malō o se paolo, auā e telē lona lafo e maua Afai loa ua i'u le faatau, a'o le'i faia le lauga e ao ona malamalama i mea nei: E seāsē ona i ai se tulafale i le usu ma se fue i aso nei, ae o tu masani lea a faleupolu tāua o se nuu ona e tatau ona i ai sona fue auā o le talitonuga o le fue o le lauga lava lea. Afai o le tulafale e i ai le fue o le a lauga, ona muai see lea i luma, o ia fo'i e leai sona ofu, e to ese foi sana faasolo. Ona ta lea o le fala i le fue ia faatolu ma fesuia'i taua'u e lafo i ai le fue ae muamua le taumatau. E faatolu ona ta le fala, ae o le ta mulimuli e taatia ai le fue ona a'apa atu lea o le lima agavale i le ao mai i'u ma faata'atia tonu i ona luma, ona alo loa lea i le lauga.

E Ono Vaega o le Lauga 1. Faatulou i paia o le aso, ae maise o le malae o loo fai ai le faatasiga, faatasi ai ma paia o le malaga ma paia o le afioaga. O loo faaigoa e nisi o le Folasaga ma Faalupega. 2. Faafetai ona o 'ava poo le faafitfiti 'ava ma le usu faaaloalo. 3. O le faafetai ma le viiga o le Atua ona o lana pule faa soifua ua fesilafa'i ai i le lagi e mamā ma le soifua matagofie. 4. O taeao. O taeao o le atunuu faaonapo o pogisa Samoa, ma taeao o le Talalelei 5. O le tala i faiā ma le autu poo le mafua'aga o le faatasiga. 6..Faamatafi o lagi, ma faamavae. A oo i le taimi e tali mai ai le malaga i le lauga ona faapea lea o le matai o le malaga lea e laga faatau: "Ua mapu i sasaga le utuga taufa" Pe ua mapu i sasaga le fetalaiga poo le saunoaga. Ua tali tutusa lava foi ma le faapea: "Ua faaifo nei le tuamafa fili malae i le fetalaiga i lau tofa a le taitai malaga" Mapu ane ia i seetaga malū ae se'i ou liliu ane e saili se ositaulaga e faaleagatonua le fetalaiga ua paū i le taimi ua sola. Ona fai foi lea o le faatau a le malaga i sē e tali fuaitau ma ua i'u o le a lauga le ta'ita'i malaga, ona faapea lea o ana upu. "Sa fetuuna'i nei muniao i le siva loa ma le faatau paia, ma ua tasi le faafitiga o aleaga o 'au o le a faalēagatonuina le fetalaiga maualuga ua taoto i lo tatou malu, pe ua taoto i le maota.

O le Taimi e Seu ai Lauga. O le seuga o lauga le isi vaega tāua o le aganuu. O nisi e manatu o taeao e tatau ai ona seu ai le lauga, ae maise lava pe afai e ta'u ai ni tulaga e afaina ai pe maasiasi ai le isi itu. O isi ua manatu o faiā e tatau ona seu ai lauga auā o le a tala ai gafa o le nuu poo le aiga. Atonu e tuu pea e nisi le lauga pe a oo i taeao, ae le mafai ona tuufau le lauga e tala le faiā poo gafa o le nuu poo se aiga auā o mea paia e gata lava i tagata e tautala i ō latou lava gafa. O le isi vaega e lē mafai ona tuufau e failauga se lauga pe a tautala i toga auā o mea e paia. A ta'u loa toga ua tatau loa ona seu le lauga auā ina ne'i faailoa tulaga paia o le isi itu. Ae maise foi pe afai e lē mafai lava ona taofi le lauga ae tala auiliili toga o le isi itu, ua tatau loa ona lafoia le tulafale lea e lauga. O le isi vaega e seu ai se lauga ona ua ta'ua ni faaloaloga na faia e le isi itu. O nisi e fia faalogologo o fai e le lauga ni o latou viiviiga ona o le tele o faaloaloga na latou faia. Ae o le mea moni o le a faaalia lo latou fia logo vii, ae o le uiga lea o le faafitifiti o le gagana ma le aganuu. Poo le a le tele o ni 'oa ma ni faaloaloga e lē tatau ona toe ta'ua ae na o ni faafetai ma se faamanuiaga. O nisi lauga e seu atu lava ae ua le mafai ona tuu. E mafai ona faapea e le'i malie le lauga i le faaaloalo. Ona faapea lea afai e te le'i malie o le a toe fai atu. Afai e avatu loa le 'ie e faaifo ai le lauga ua tatau loa ona faauma i inā le lauaga. Ae o nisi ua lē gata i le 'ie faaifo ae ua avatu ma isi 'ie ae fai lava. Ua ta'u le tulaga lea o le lē faaaloalo. Tulou.

Ua faavasega i le aganuu nofoaga o ē e lipoi'ia le agatonu: O le palu'ava o se taupou, ae le o se fafine ua nofotane. O se aloalii fo'i poo se alo teine o le alii o le nuu. O le taupou poo le palu'ava e saofa'i i tua o le tanoa. Ia saofa'i faataupou ae 'aua le faano'uno'u pe faagāpelupelu le tino. Ia mata fiafia, ae lē o le 'ata'ata, e lē faia se taulima, se uati, se mama, se 'ula pe lamu pulu fo'i. E tu'u ona lima i augutu o le tanoa, ae lē o le faalagolago ai ae ia faasasa'o lelei lima ma tilotilo sa'o i luma. O la'ei foi o le taupou na o se la'ei faataupou o le 'ie pā'auli, se palefuiono, poo se sei ae le faia se tuiga. O le manatu o tamā na ou vaai ma faalogo i ai, ia 'aua ne'i i ai se mea e faalavelave pe afaina ai le paluga o le 'ava. O le tuiga e ono paū pe sisina ifo foi le afu, pe lelea ifo foi se fulumoa i le tanoa. O le tuiga e faatoā fai pe a taualuga se faafiafiaga pe mo'emoe' foi i se ta'alolo. Ae o le mea

Nofoaga o **ē** Lipoia le 'Ava

Tautū'ava

Tufa'ava   auala   Sui'ava   Palu'ava   Agai'ava

mamafa i le paluga o le agatonu o le la'ei mamā ma matagofie foliga o le taupou i le vaai. O le itu taumatau o le palu'ava e nofo ai le asu vai poo le sui'ava, ae o ona luma se pakete vai poo se tauluavai. O aso anamua sa asu vai i tauluavai. O niu vai sa faapala e pei o le faiga o le samilolo, ona vili lea o isi mata ma tui ai se afa e fai ma ta'ita'i. Sa masani ona nonoa faatasi vai e lua, o le ala lea e ta'u ai o le tauluavai.

E nofo i le itu taumatau o le asu vai le tufa'ava. E faa avanoa le auala i le va o le tufa'ava ma le sui'ava. O le tufa'va o se tofiga tāua tele, e lē soona tu'u i ai se isi vaganā o se tagata e lelei le leo, e poto le gutu i tautala, ia iloa ni solo'ava, nate iloa le faasologa o ipu ma vā i 'ava. E tatau fo'i ona malamalama i igoa ipu a tamalii. O isi mea e tatau ona iloa: O le faasologa o ipu e muamua le ali'i o le malaga ona soo'ula lea ma le ipu a le ali'i o le nuu. A uma ona sooula le alii o le malaga ma le alii o le nuu ona soso'o lea ma tulafale, o tulafale ia sa lauga, ae muamua fo'i le tulafale o le malaga. E masani ona i ai i tua o le tufa'ava se taule'ale'a o le malaga e tuualalo atu i le tufa'ava suafa o le malaga, ae maise o igoa ipu. O loo taofi nisi o le taule'ale'a o le malaga o le isi agai'ava, ma e nofo i le itu taumatau o le tufa'va. E manatu le Tusitala e lē 'auai le taule'ale'a o le malaga i nofoaga o ē lipoia le agatonu. Atonu e 'ese'ese afio'aga ma a latou agaifanua.

E tasi le auala i totonu. O le ao'ava e le soona oso mai i totonu, ae ui i le va o le sui'ava ma le tufa'ava. Ona pau lena o le auala e sau ai se isi mai tua i totonu o le maota. O le auala fo'i lena e ui mai ai e tautū le 'ava. O le itu agavale o le taupou e nonofo ai ni taulele'a e ta'u latou o agai o le 'ava. A to'atele lava taulele'a o le nuu, e soo se aofa'i lava o agai o le 'ava, ae matagā fo'i le so'ona to'atele ae lava lava i le to'atolu. O le tagata e tāina le fau, ao'ava o le usu, ma tautū 'ava e mafai lava ona fai e le tagata e to'atasi, ae a to'atele ona 'ese'ese lea o tagata e faia ia tofiga. O le ta fau e nofo tonu i tua o le palu'ava, ae o le ao'ava ma o le tautū 'ava foi lea o tua o le tufa'ava e tapua'i mai ai se'i oo i le taimi e ao ai 'ava ma tautū le agatonu. O i latou e gaosia le agatonu: e sa le talanoa pe pisa, e sa fo'i le faitatala i ni mea o lo'o tutupu i totonu o le maota. O lona uiga 'aua le taliē pe a fai ni tala malie, tau lava o le pupula sa'o i luma ma nofo faasasa'o. Ia la'ei mamā, ma faasausau tama.

Taimi e palu ai le 'ava: Faatoā gaoioi le paluga o le 'ava pe a uma le faatau a le nu'u ma amata loa le lauga. E mua'i fafano lima o le palu'ava. Na ona faaseuapa lava i tua ae saasa'a atu e le sui'ava se ipu vai se tasi. Ao sauni le taupou mo le paluga o le 'ava ia muamua asu ni vai i le laulau poo le tanoa. Ona sasa'a atu lea i ai penu o le 'ava tu'i i luga o le fau a'o u'u faatalitali mai e le taupou i luga o le tanoa. Ona afifī lea ma tu'u i le tanoa ma palu loa e le taupou le 'ava. E u'u e le lima agavale le fau ae palu e le lima taumatau le 'ava, ia faasasa'o lima, ma vaai sa'o i luma ae 'aua le punou i le tanoa. A iloa loa ua lelei le paluga ma ua sauni e tatau, ona u'u faatasi lea i lima e lua le fau ma togi i luga ae sapo limalua, ma tatau loa. A tatau le fau ua lava le lua pe tolu miloga o le fau ma togi loa i tua e aunoa ma le pupula i ai. Ia tatau faasasa'o lima, na ona sina me'i mai lava i tua ma toe mimilo sa'o i luma. A togi le fau ia togi faamauluga ina ia maua lelei e le ta fau. Ia mata'ala lelei le ta fau 'aua ne'i paū le fau. Auā a lē sala e matuā tigaina i upu mamafa a matai. O le palu'ava ia fua lelei le māe'a o le paluga i le umi po'o le pupu'u o lauga. E faatoā solo augutu o le tanoa ina ua mamā le 'ava. Ua lava tāuga e lua mulimuli e faatoā solo ai augutu o le tanoa. O tāuga fo'i mulimuli e lē toe togia ai i tua le fau ae talatala lemū ma lulu i autafa o le palu'ava ma popo i lima e lua ona u'u lea i le lima taumatau ma lulu ia faa'alu ni penu 'ava o pipii i le fau ae faa'ete'ete 'aua ne'i pa'i pito o le fau i le fola. A solo augutu o le tanoa ia solo muamua aga'i i le agavale toe solo i le taumatau ona solo ai lea o luma o le tau'ava ini solo faatopetope se lua. A uma loa ona solo laugutu o le tanoa i le tauga mulimuli 'u'u loa lea o le fau i le lima taumatau, ma faatalitali i le taimi e tufa ai le 'ava.

Taimi e tufa ai le 'ava. O le tufa'ava ia mata'ala lelei i le taimi e tatau ai ona alaga. E fua i le lauga mulimuli pe a faapea ana upu faai'u "Tatou alo 'ava ua māi vai ae ua suamalie 'ava i le alofa o le Silisiliese".Ia faa'ete'ete le tufa'ava 'aua le vave faaosoa le patiga o le agatonu ae le'i uma ana upu ma ana faalagina. Afai loa ua uma ana solo ma tā'ua le mafua'aga o le aso ma le usu, ona faapea loa lea: Ae o lo outou agatonu lenei ua matou faatito i ai le vai se'i mavaevae le efu ma le malasina o le fau ma tanoa o au o le a faasoasoa: Ē ua ūsi le 'avā faasoa tula'i se soli le alofi, poo le: tula'i sē tautū, poo le tula'i sē soli tamali'i ma faleupolu". O le taimi lenā faatoā tapati ai le maota. A tula'i loa le tautū 'ava: ia mua'i asu ni ipu vai e sui ai le 'ava, ona ū lea o lona itu taumatau aga'i i luma ae asuasu le 'ava. E asu a'e e le alo o le lima ona tū sa'o lea ma faasisina i lalo i le tualima. O lona uiga ia faailoa i tulafale pe ua toto'o ae toe sui. A tautū le 'ava, ia faa'ete'ete ne'i masua solo i le fale. O ipu a tamali'i e ta'i i le alofilima a'o 'ava a tulafale e ū i ai le tuālima.

A vala'au 'ava a tamali'i e vala'au le igoa ipu e pei o lenei "aumaia fetaia'i ma uso", e lē toe ta'ua se suafa. E mafai foi ona vala'au faapea: "fetaia'i ma uso talitali le ipu ua i le solialofi". Afai o se faifeau ona vala'au lea faapea: "aumaia sāvali o le talalelei" poo, "momoli la'u i foga'a, taute le susuga i le faafeagaiga". O isi tamali'i a lē iloa ā latou igoa ipu ona vala'au fua lea: O lau ipu lenei, ona ta'u lea o le suafa o le tamali'i, a lē o lenā ona vala'au lea: taute le afioga ia Mata'utia. O le ipu ma le taute e ave i tamali'i, ae ave le 'ava i tulafale. A vala'au la 'ava a tulafale e valaau faatosotoso ma leo tele faapea: ō lau 'ava le nei Mā tua vao.

A uma loa ona sooula tamalii, faapea foi se faifeau poo se sui o le Malo, poo se isi lava alii maualuga o i ai i le maota, ona sosoo loa lea ma tulafale na lauga. E mafai foi ona inu tulafale ina ua uma ona taumafa alii i pou matuatala. Ona felafoai lea i tamalii o le malaga ma tamalii o le nuu faapea foi tulafale o le malaga ma tulafale o le nuu. O tamali'i e fai upu ma saasa'a suā'ava i luma faatoā faamanuia ma taumafa le 'ava, ae lē o tamali'i uma fo'i ae iloga tamali'i e faamanuia faapenā a latou 'ava. O tulafale e inu fua lava e aunoa ma le saasa'a o suā'ava. E lē faa aloalo le togi o se ipu i totonu o le maota. E mafai ona moto fua 'ava, ae afai e le'i soo'ula ipu a ali'i ae na sosoo ma se faifeau, ona moto lea i le alii o le nuu. Afai fo'i na soo'ula ali'i, ae o i ai se isi ua tatau ona moto i ai le 'ava ona faapea lea o upu a le tufa 'ava: "ava ma Tutuila, 'ava ma Upolu, ua moto lo outou agatonu ua mativa le fau ua papa'u le laulau, ae faasavali 'alu o le 'ava e taute le sui o le Malo, aumaiā sui o tagata tafafao mai atunuu mamao. A moto fua fo'i ona faapea lea: Ua moto lo outou agatonu, ua mativa le fau ua papa'u le laulau, ae matou faasoaina ma agai o le tanoa ona toe. E ui ina leai ni galuega e faia e agai o le tanoa, ae o tagata o lo'o leoleoina le agatonu. O le mea fo'i lena e sa ai ona soli pe ui mai se isi i le itu o iai agai.

O le fono o le 'ava. A mae'a loa se usu poo le aliitaeao i le malaga ona sosoo loa lea ma le avatu e le nuu se fono o le ava. O mea atoatoa poo se apa masi ma ni falaoa, pata ma se siamu. Ona liliu fo'i lea o le malaga ua fai lafo o le nuu. Poo lafo tupe poo lafo toga. E faatāua lava e malo le tulafale na lauga, sosoo ai ma lē na sufi'ava, soso'o ai ma le tufa' ava, ma le tautū'ava. Ona ave loa lea o se mea e laugatasia ai matai o totoe. E tatau foi ona fai se faaaloalo a le malaga i alii o le nuu ae maise o le alii sili o loo nofo i le pou o le tala.

Sina Fautuaga i Tagata e Palua 'Ava. O ai e palua 'ava? O se fesili tāua auā e lē agavaa uma le toatele latou te palua le 'ava o le usu ma le aliitaeao. Ua na o le taupou poo le augafaapae, poo le igoa manaia o le nuu, poo le matai ua ta'ua o aloalii e pei o Muagutiti'a latou te palua 'ava o agatonu i faigamea tetele e pei o 'ava faatupu, ma taligamalo tāua. O nei aso ua ave le faamuamua i tausala o faalapotopotoga, poo tausala o Samoa, ma ua onomea foi ia tofiga ona latou palua 'ava o faatasiga tetele. Soo se tamaita'i ua fanau ma nofo tane e lē faatagaina ona palua se 'ava. E aliali mai i lea tulaga le mamalu ma le faaeteete gatā o le agatonu a le atunuu. Ua ese ai 'ava o fono a nuu, ua tatau ai i se alo tamaita'i o le alii ole nuu, poo le alo taule'ale'a o le alii o le nuu, poo se matai aloalii e pei ona ta'ua i luga. O taligamalo faa le Ekalesia ua ese foi: O le alo tamaita'i o le faafeagaiga poo le alo tamaita'i o le alii o le nuu, poo se taule'ale'a o le Ekalesia ua onomea mo lea faiva oi latou ia ua onomea e palua 'ava o faatasiga faa le lotu. O le tautū 'ava ua tatau lava i se taule'ale'a ua fai sana malofie poo le tatau ona tautū ma soli le alofi a tamalii ma faleupolu. Ua lē onomea i se tama'ita'i ona faia lea faiva.

O le Talimalo i le 'Ava Faatupu

Ua tofu lava itu malo, ma alalafaga ma a latou faiga. E pau le mea tāua o le o atu o matai ma a latou 'ava tugase. O 'ava faatupu e lē faia ise fale ae o fafo i se malae. Su'e ni taulua vai e pei ona masani ai. E tatau fo'i ona aumai aloa'ia le 'ava tu'i, ae lē tala feagai le aumai o le 'ava ua uma ona palu. Nofoaga oe lipoia le avafaatupu: O nofoaga o agai o le tanoa ma le taupou ma lē e suia le 'ava ma le tufa'ava e tutusa lelei ma faasologa o nofoaga o le agatonu masani. Pau le 'esee'sega e lē toatele e lipoia le 'avafaatupu ua na o le ta'itoatasi. E faapena foi le tagata e taina le fau. E lua tautū 'ava, o le tagata e nofo ma le ipu ale tupu e alu atu le tautū ma le 'ava e tofo muamua le tula poo le tulafale a le tupu. Ona faatoā asu lea o le 'ava ma saasaa i le ipu a le tupu ona faatoā taua'ao ai lea lima lua i le tupu a'o saofa'i lelei i lalo le tautū 'ava a le tupu. Na o le nuu o loo faia le ava faatupu e fai le faatau mo le lauga, afai e uma loa le lauga a le nuu ona tufa loa lea o le' ava. Vagana se tulafale ale tupu e tali mai i le lauga, ona saunoa mulimuli ai lea o le tupu i sona lagona poo le leai foi. O aumaga ia tofu ma le tao la'au e leoleo ai le agatonu. O le mamalu lea o le 'avafaatupu o le sao a aumaga faataamilo i tua latou te leoleoa taualumaga o le 'ava faatupu. E leai se isi e tu na'o aumaga e tutū ma tao leoleo, ae nonofo uma i latou o loo faia le 'avafaatupu.

'Ava Faatupu i le Kovanasili o Niusila.

Sa faia se 'avafaatupu i le nuu o le Tusitala ao o'u talavou pe tusa faatoa sefulu ma le fa o'u tausaga. E le o se Tupu poo se Tamaaiga

E leai ni nifo'oti e pei o le ata, ae na o le faamanaia'aga o le ata

ae o le alii Kovana Sili o Niusila na asiasi faataamilo i le atunuu, o le mafua'aga lea o le 'avafaatupu. O le isi lea tulaga e aliali ai uiga faaaloalo o le aganuu a Samoa ona e ui lava e lē o se tupu ae ona o tofiga maualuga o se isi malo o lea ua fai ai tulaga faaaloalo maualuga a Samoa. Sa faia uma lava tulaga masani o le 'avafaatupu. Sa la'ei siapo uma matai, palu 'ava se tamaitai talavou o le nuu ae sa leoleo mai tua e le aumaga a Muagutita. O lea 'avafaatupu sa fai i le malae o le nuu. Ae le'i faia le 'avafaatupu sa i ai se faavesivesi na tupu ona ua avatu e nisi o le nuu le lauao ua faaee i le tamaitai talavou o le nuu lea ua sauni e palua le 'ava. E leai se isi o le nuu e mafai ona faaee i ai le lauao vagana le alii o le nuu poo sona alo ua faapaia faataupou. E le'i faatali loomatutua o le aiga o le alii ae ua o atu fufuti 'ese le lauao mai si tamaitai talavou. Ona tupu ai lava lea osi faavesivesi ona alu lava lea o si tamaitai na o lona sei e palu le agatonu. O le mea sili e le'i iloa mai e malo sia faaletonu na tupu i lena aso. Ua faamaonia ai foi e le faia ni lauao o tamaitai e palua agatonu, tusa lava poo 'avafaatupu. O le alii Kovana sa faafeao mai ese fitafita o se tagata uli, ma o lea tagata uli sa lavea'ia le alii Kovana ao avea o ia ma lenei fitafita uli ma fitafita o le vaega 'au a Niusila i le taua lona lua o le lalolagi. O le faaaliga sa maua mai le alii Kovana talu mai le i'uga o le taua ua avea lava lenci fitafita uli ma ana malo poo sona atalii i totonu o lona aiga talu lona lavea'ia o lona ola. Sa mata'ina le mamalu ma le tino 'ese o le alii Kovana ma le tele o faailoga sa tautau ma faapipii solo i lona ofu faa fitafita. E ui foi ina faatauvaa ma itiiti le tino o le alii uli ae mata'ina foi ana toniga ma ana foi faailoga e tele. Ou te lē mautinoa pe o fea le atunuu o le alii uli auā e leai ni tagata uli i Niusila, ae ou te taumatea pe le ose alii mai Fiti. O le taamilosaga foi lea sa ta'ita'i atu e le afioga a Le Mamea Matatumua o se tamalii sa iloga lona tomai i le gagana faa Peretania.

O le Talimalo i le Failaulau

O le failaulau o le tofu lea o matai o le nuu ma laulau mea a'i ua i ai talo, palusami ma se 'i'i poo se laui'a po se afī faapulou, ulātai, se taailepaepae. O le fai laulau e sauni ai lava ma le mea ai mamafa pe a māe'a le aliitaeao.

O le Failaualau na o ūū. I le ulua'i asiasiga a le Tusitala i le motu o Manu'a. Sa tali i ma'ua ma le alii mai Hawaii o Tom Hatakeyama i le maota o Paopao i Fituta. Sa mata'ina le faatali mai i failaulau ua tofu ma le ūū ma ua mūmū sauatoa totonu o le fale. O le afio'aga lea e matuā tele ai le ūū. E le'i faaaogaina e le ma
malaga lea taumafa ona sa le'i masani ai. O ūū e i le auaiga o paa ma ula ma e ta'u foi o tu'e pe a folafola.

Failaulau a le afioga o Safotu. O le tali faaaloalo i le failaulau a le afioga o Safotu i le fonotaga a le Faleula -o-Fatua'iupu, 2006.

Pu'e e Tamari Mulitalo

O le Talimalo i le Laulautasi

O le laulautasi o le tali malo lea e fai ina ua lata le taimi e faamavae ai poo le faaaloalo mulimuli lea i le malaga pe afai o se malaga e lē tofafā, ma o le laulautasi e fai ma faaoso o le malaga. O le laulautasi, e lua ona uiga: o le laulau tauvalaau taitasi, poo le taitasi o mea i le laulautasi a le tagata. O le laulautaitasi e tu le tagata ma faaleo faapea: O le laulautasi a le afioga a le Maopu ua i ai le manufata, o fuauli ma palusami. Ae o le taitasi mai le ituaiga e faapea: O le laulautasi a le tofa a Talomua, e tasi le taailepaepae, tasi le palusami, tasi le fuauli.

O le Talimalo i le ʻAlālāfaga ma Poula

Afai o se malaga e nonofo umi ae maise o ni aualuma poo se malaga ase nuu. Ona alala lea i ai o matai uma o le nuu i le po. E fuʻe tāuga le nuu oni puaa, o moa, o iʻa ma nisi lava taumafa tala feagai. A māeʻa loa le taumafataga ona fai loa lea o faafiafiaga. O le i si lea taimi suamalie o le aganunu pe a faafeagai aualuma. E masani lava ona muamua faafiafia le malaga, ona felafoaʻi ai lea. E tali faafiafia le i si itu i pese masani: "Ua malie malie malie mālie ē, ua malie malie malie malie, ua malie malie malie malie, m ā li e m ā lie". Afai ua manaʻo le malaga e lafo mai le faafiafiaga i le nuu, ona usu foʻi lea o le isi pese masani: "Ua alu atu le afi, ua alu atu le afi ē". Ona tali foi lea o le nuu: "E leʻi sau se afi e leʻi sau se afi ē". Aʻo leʻi oo mai moli i le atunuu, sa fai sulu o afi taume, o afi ipu, o afi popo mamago faala ae tui i se laau. O afi ia e ave i le isi itu pe a oo i lo latou taimi e faafiafia ai. O lona uiga e pogisa uma le isi itu. Sa faapena foi ina ua oo mai molītu ma molīmatagi, mulimuli ane oo mai molīpenisini. O le uiga o le pese "ua alu atu le afi" pe a oo i le taimi e faafiafia ai le isi itu ona ave lea i ai o le afi ae pogisa le isi itu.. Afai e lei sauni pe leʻi mananao le isi itu e lafo atu ia i latou e faafiafia ona usu lea o le pese: "Fai fai pea fai fai pea, faifai pea ē". Poo le i si pese: "E leʻi sau se afi, e leʻi sau se afi ē". Ae afai ua malie le nuu o le a latou faafiafia, ona usu foi lea o le i si pese. "Ua lelei lava ua lelei lava ē". Ona fai ai lea o le tali faafiafia a le nuu. Faatoā uma le po fiafia pe a malie le faautaga a le nuu. Afai e leai ona fai ai lava lea, ma o nisi faafiafiaga e agaʻi i itu faapaupau i le va o tamaitaʻi o le malaga ma ni alii o le nuu. Sa faaigoa e misionare ia fiafia o poula faa nuu po, poo poula faapaupau, ma sa lē fiafia misionare e faa āuāu lea ituaiga o faafiafiaga. O le mafuaaga lea o le faasā e le Ekalesia Metotisi le sisiva o tagata ua faa Ekalesiaina i le po.

O le Talimalo o le Amoʻulu

O le amoʻulu o le isi lea talimalo maualuga a le atunuu. Afai lava ua mafana le mafutaga a le nuu ma malo, ona fai ai lea o le amoʻulu. O le amoʻulu o mea atoatoa. Sa tofu le matai ma le manufata ma atoulu poo talo foʻi. O aso nei ua fai i pusa ʻapa, ma paelo poo nisi lava mea ua tala feagai ae faamamafa lava le upu "amo" poo le amoga auā e lē amoa se pisupo. A māeʻa le tali malo o le amoʻulu a le nuu ona liliu mai foʻi lea o le malaga ua tali toga o le nuu. O talimalo ia e masani i malaga a nuu tetele, ae maise o nuu e fai so latou faiā ma le malaga. O paolo maualuluga foi o le nuu o le isi lea itu tāua e mafua ai talimalo maualuga e pei o amoʻulu. O tulaga foi o le talalelei pe afai ose malaga mai le afioʻaga o le faafeagaiga a le nuu o le isi lea tulaga tāua e mafua ai talimalo e pei o le amoʻulu ma le taʻalolo, ae o le tele lava o isi malaga e gata lava i se aiavā ma se laulautasi. O le isi foi uiga o le amoʻulu o le fesoasoani a le afioaga i le aiga o loo i ai malo. Afai e lē o lenā o le faaaloalo mulimuli a le nuu e fai ma faaoso pe faamavae ai ma le malaga.

O le amoʻulu ma le taaʻalolo o faaāloālo maualuga ia e seāsē faia ae iloga lava malo e faia i ai. O se soo, o se paolo maualuga, o se malaga faa le lotu e pei o le nuu o le faafeagaiga, o se aʻoga maualuga, o se malaga a se faalapotootoga. O ituaiga malo na e onomea i ai le amoʻulu ma le taalolo.

O le Talimalo i le Ta'alolo

O le taalolo o le tali malo tupito lea a le atunuu vagana lava ni malo tāua ona taalolo lea
o se afio'aga. E tasi se 'ie tele o
'au'afa a alii, poo se lafo o faleupolu e
ave ai le taalolo. E iai foi isi toga auā
ni tofā a alii ma lafo o faleupolu o le
malaga. E ave ai fo'i i taalolo faa le
aganuu ni manufata. Ae o aso nei ua
sui manufata i povi, pusa apa atoa ma
ni tupe. Afai o le taalolo i malo, ona
fai lea ma le faaoso ma se pasese. O
taalolo o loo vaaia soo i aso nei o
taalolo i faaulufalega o malumalu. O

taalolo mai le nuu o le faa feagaiga, poo le nuu o lona faletua. O taalolo a nuu tuaoi, ma
nisi lava gafa maualuluga ole afio'aga. O taalolo e 'auai uma se alalafaga, poo se aulotu
poo se faalapotopotoga. E i ai le tagata e mo'emo'e i luma o le taalolo. E masani lava o
le alii o le nuu, poo se augafaapae le taupou o le nuu e mo'emo'e ma le tuiga poo le
lauao ma ana teuga masani e i ai ma le nifo 'oti. E mulimuli i tua matai o le nuu ma le
nuu atoa ma lagi se pese. O ona po nei ua masani ona ave e faaili taalolo. Ae o le pese
lava e masani ona usu fetali a'i: "Faafetai le fitā, faafetai le galu ē". E mamalu tele
taalolo i aso anamua, auā e sa se mea e faalavelave poo se meaola e oo lava i tagata sa
masani ona tafasi pe soli e le taalolo. O laau foi e faalavelave i le auala o le taalolo e
tatuu i lalo. O taalolo e leoleo e aumaga 'ai'aiuli ma to'i, o le ala lea o le faaumatia soo
se mea e faalavelave i le auala ona o le mamalu o le taalolo. O le faiga na o taalolo i aso
ua mavae, ae ua seāseā vaaia ni mea ua faaleagaina pe soli fo'i nisi i aso nei. Ai ona ua
malamalama Samoa.

Talimalo i le Sua poo le Faatamalii

O le faaloaloga maualuga lea a Samoa, i tupu ma tamalii o le atunuu. O vaega o le sua:
o le vailolo ma le ufilaulau o le vala, o le suataute poo le suatalisua o le taisi o le
taailepaepae, ma le suata'i o le manufata, ae ufita'i i le 'ietoga. Ua fai tofa i aso nei ona
o le tamaoaiga ae sa le masani ai. E tu le tulafale ma le to'oto'o ma le fue ma vala'au le
suafa o lē o le a ta'i i ai le sua. E faa aogā foi e le tulafale upu faa aloalo, poo se
faalagiga. Ona faapea loa lea: **Ia alo maia o le faatamalii lenei i lau afioga: O lena ua
muamua atu le vailolo, poo le su'iga ma le la'ei poo le ufi o le vala. O le suataute
poo le suatalisua, o le taisi ma le taailepaepae. O lau suata'i o le manufata tele, e ufi
i le 'ietoga, poo le maniti a tamalii. Ua i ai lau Tofā o le toga lava sa au'afa e le
paia o aiga, ta'u faalagina o aiga.** A'o fetalai le tulafale ae savali teuteu le taupou ma
le niu ua uma ona su'i ae momono i le tuaniu poo le tala i aso nei. E 'u'u e le lima e tasi
le niu faafeagai ma ona mata, ae 'u'u e le isi lima le vala. A taunuu i luma o lē e ave i ai
le sua ona nofo faaseuapa lea ma tuu atu le niu i luma, vaai ne'i masaa. O le suataute o
le laulau ua i ai le taisi, ma le taailepaepae. E afe le pito o le laulau ona 'u'u lea e le lima
taumatau, ae apoapo a'e i lalo e le isi lima. E si'i fo'i faamaualuga le laulau ia feagai ma
le fatafata. A taunuu fo'i ona faa seuapa fo'i lea ma tu'u atu le laulau, ia faaū i luma le

filiga. O le suata'i o le manufata, e tausoa le manufata tele. E lē avea i luma o lē e ave i

ai le sua ae tu'u mamao atu i tua. Ia faaū le ulu o le pua'a i luma. O le ufilaulau o le toga poo le maniti a tamalii. E ta'i e le to'atasi ae afai ose toga lapo'a ona ta'i lea e se to'alua. O le tofā o le 'ie o le malo sa 'au'afa e aiga. E faa gesegese ona ta'i le tofa. Ia faalogologo lelei i upu a le tulafale. E to'alua e ta'ia ae afai o se toga telē tele ona to'atolu lea.

'Ese'ese o manatu i le suataute, le suatalisua ma le suata'i: O le manatu o le Tusitala o le suataute ma le suatalisua e tutusa pau o le mea lava e tasi. O le laulau ua i ai le taisi ma le taailepaepae o le suataute lena poo le suatalisua foi auā e tali ai le sua. O le suata'i o le manufata lena, auā e ta'i. O le amoamosā e ave i sua faatupu auā e amoga le taisi, a'o le suataute poo le suatalisua e ta'i lava e le toatasi. Ona faapea lea o le faaupuga. **"O lau faatamalii ua i ai le su'iga ma le vala, ua i ai foi lau suataute poo le suatalisua ua i ai i lo laulau le taisi ma le taailepaepae, o lau suata'i o le manufata ae ufita'i i le toga."**

O le Talimalo i le Sua Faatupu

Afai o se malaga faatupu a se Tamaaiga poo se alii mamalu o le malo (silasila i le 'ava faatupu i luga) ona alagā tatau foi lea ona fai se suafaatupu. O sua e ta'i i se Tupu poo se Tamaaiga, e nonofo faaituala lua taulele'a ma sulu aulama, ae ta'i atu i totonu le sua faatupu. E ta'i le su'iga faatasi ma le vala. O nisi faiga ua muamua i luma le tausala ma le vailolo ae ta'i atu i tua le vala. Afai e ave le su'iga ma le vala ia saofa'i lelei le taupou ae lē faasaga i le malō, ma tu'u faa aloalo atu le niu. O le laulau poo le **amoamosā** e tausoa le taisi ua i ai faatasi ma le moepiilima O le isi lea uiga o le upu **amoamosa** ona

O le amoamosa

o le taisi e amo mo le sua a le tupu. E onomea lava le ta'i i se manufata, o le masaniga lea anamua. O le manufata e tausoa ae le ta'ita'ia i lalo. Ona pau ia o vaega e 'ese'ese ai le suafaatupu ma isi sua.

O le folafolaina o le Sua poo le faatamalii. Fai muamua sau solo, ia leo tele ma toa le leo, ia tu lelei i luma o le fale a'e 'aua ne'i tu ma folafola i tala auā o loo afifio ai tamalii. E ala foi ona tu i luma o le fale auā o loo i ai faleupolu latou te ta'u atu i lē o folafola sua totoga o le sua, ae maise o lē tauala mai ai le sua ma lē e ave i ai le sua. Ia manino lelei faalagina poo le suafa o lē e ave i ai le sua faapea fo'i lē e avatu ai le sua:

Mo se faata'ita'iga e mafai ona e faapea pe a uma sau solo: O le faatamalii i lau afioga le Peretene o le Ekalesia e tauala atu i le susuga i le faafegaiga ma le matagaluega, e mafai foi ona faapea: Ua faafaō i ai aao o le susuga i le faafeagaiga ma le matagaluega o le a ou folafola ina atu: Ua i ai le su'iga (poo le vailolo) ma le vala (poo 'ie papalagi). O le suataute ua iai le taisi (poo le afi talo), ua i ai ma le taailepaepae. Liuga lua so'u leo ua i ai lau suata'i o le alafa, poo le manufata tele. Ua talā foi 'ie o le malo e ufita'i. O le tofa lea ua tatala o le 'ie lava sa teu i le maota o le galuega lea ua tatala e faigata lou afio mai. A ailao ona faapea lea, palē ua pale, 'ulā e ua 'ula: Afai o se tamalii e avatu ai le sua ona ailao lea i le igoa taupou a lē na avatu ai le sua. Afai ua le iloa ona ailao lea i suafa masani: Le Tuiatua e, faa tolu. Le Tuiaana e, faa tolu. Le Gatoaitelē, faa tolu. Le Tamasoalii e, faa tolu foi. Malo le teu, malo le faaaloalo.

Ua ufi Manufata i Toga pe afei ai foi Fata. E i ai le tulaga ua vaaia pea i nei aso o le faaaogā lea o le toga e ufi ai le manufata o sua, poo le afei ai foi o fata e ave ai le manufata. Na o se fautuaga a le Tusitala. O le toga e ta'u o le Measina a Samoa. O le toga e lē tatau ona ufi ai se manufata pe afei ai foi le fata. O le ala foi lea e fola ai i luga o fala toga pe a fai se faitoga o se sii, pe soo se taimi e fola ai toga ini faalavelave, ona o le oloa tāua a le atunuu. E faapefea la ona ufi ai se manufata pe afei ai foi se fata o se manufata, pe afai o le oloa faapelepele a Samoa? Ae maise o lenei, e matuā leai lava se aganuu a Samoa e faapea ona fai. Ua manatu nisi ua talafeagai lea faiga ona o le tāua o lē e ave i ai le sua ua tatau foi ona afei i ni mea mamalu a le atunuu. Ae pagā e lē avanea le tāua o le tagata e ave i ai le sua e soli pala ai ma faa lē amanai'a ai le measina a Samoa. Ua manatu nisi e faaaogā i ai toga faa lē taulia, ae ia manatua foi fai mai le isi muagagana a le atunuu: "e lē fai umu le isi toga i le isi toga". O lona uiga o le toga lava o le toga. Ona pau le faaaloalo e ufi i le toga o le laumaei, o le ala lea e ta'u ai le laumei o le i'asa. E ufi ai ae lē fatietie ai.

O le Talimalo i le 'Aiavā

O le isi lea tali malo a Samoa e masani ai le tinifu, poo le itu pa o tamaitai, faletua ma tausi. O aiavā sa fai i oloa Samoa e i ai ato laufala o fala, o falamoe ma papa, o fagu'u o 'ula sisi ma nisi ituaiga 'ula. O aso nei ua faa aogā oloa mai fafo ae maise o la'ei, o solo o pusa mea 'ai ma soo se oloa lava e maua i faleoloa. O aiavā ma sua i malo faatoā fai i le aso mulimuli o le malaga. E mafua ona o le a faamavae, ae a fai i isi aso o lona uiga ua mana'o e faapuupuu aso o le malaga. O aiavā e masani ai aulotu ona fai i se 'autufuga pe a mae'a le faaulufalega e ta'u lea o le faalavalava i le 'autufuga. Afai foi e tuai ona faaulufale le galuega ae ua fia asiasi le 'autufuga i o latou aiga e faatali ai le taimi o le faaulufalega o le isi lea taimi o le aiavā. O le 'autufuga na āumau i se nuu 'a'o faia le galuega o le malumalu, poo se maota foi ma ua masaesae o latou la'ei na o mai ma latou, o le mafua'aga lea o le faalavalava i le auala o le aiavā. A faamavae foi le faafegaiga ua siitia i se isi nuu o le isi lea mea e fai o le aiavā.

E Fesuia'i faiga ae tumau le Faavae

O tulaga uma ua ta'ua i lenei tusi o le aganuu tonu lea ua tatau ma onomea i totonu lava o Samoa, ae talofa i le pa'ia ma le mamalu o loo afifio ma pāpā aao i atunuu i fafo. Fai mai se tasi upu moni e fesuia'i lava faiga ae tumau lava le faavae. E afaina 'ea 'ae fai le suata'i i le teutusi ua i ai le lima selau poo le afe tala? E faigofie lenā i le fela'ua'i o puaa, paelo poo povi foi. O lea foi ua sui le vala i le 'ie papalagi, sui le vailolo i le 'apainu, sui le taisi i le pepa sao, o le a le mea e taofia ai le sui o le pua'a, le paelo, le povi i le tupe i totonu o le teutusi?

Ua avea foi le tamaoaiga ua vaaia ua ta'i fia 'ie sii atoa, ua lē apainu ae ua faguinu lapopo'a, ua lē pepa sao ae ua apamasi tetele. O fea ea e gata ai lea faiga. Ina ne'i oo mai ni kalone faguinu ma apamasi tetele ona ā lea? O le fautuaga taga'i i mea mamalu. Auā e mamalu lava nai mea laiti auā o mea nā faatamalii.

O se Aoa'oga Ina ia malamalama le aufaitau ae maise o tupulaga talavou i le gaoioiga o le faiga o le agatonu poo le aliitaeao ma isi taligā malo 'ese'ese.

O Fesil 1. Faavasega mai nofoaga i totonu o le fale, le mea e afio pe susu ai tamalii ma le nofoaga o tulafale? 2 O fea le itu o le fale e nonofo ai malo, ae o fea e nonofo ai le nuu? 3 Faamatala pou e ta'u o pou o lauga ma pou e ta'u o pou o le matuātala? 4. Faavasega mai igoa o 'ava mai le maualuga se'i oo i fasi 'ava ma o latou igoa? 5. Faasolo mai le faasologa o ipu, o le a le uiga o le sooula ma lē e moto i ai le agatonu? 6. O fea e ui ai le tautū 'ava i totonu o le maota? 7. Faamatala le eseesega o le ta'iga o le ipu a le alii ma le 'ava a le tulafale? 8. Fai sou manatu pe tatau ona fai se tuiga (lauao) o le taupou palu'ava pe leai? Aisea? 9. O a ni galuega a agai o le tanoa, ae o le a foi ni tāua o ia tofiga? 10. Lisi ni mea e 'ese'ese ai le 'ava faatupu ma le agatonu masani? 11. Faamatala le faiga o le sua faatupu? 12. Pe o se aganuu ua sa'o le ufi o manufata i ie toga? Fai sou manatu. 13. Faamatala le uiga o le upu "lipoia". 14. O le a le uiga o le tali lumāfale? 15. Aisea ua ta'u ai o le laulautasi? 16. Faataita'i se folafolaga o le suataute poo le faatamalii? 18. O le a le uiga o le tali malo ua ta'u o le amoulu? 19. Faamatala le faiga o le taalolo, ma tagata e auai? 20. O lē fea sua e ave i ai le upu amoamosā ma le suataute? 21. O le a le galuega a le sufi'ava? 22. Ae o ai e faia le galuega o le faafiti'ava? 23. O le a le uiga o le upu: Tula'i se soli Tamalii ma Faleupolu, ae faapefea foi ona soli? 23. O le a tonu le galuega a le sufi'ava?

Fesoasoani mo le Faiaoga Fai se 'ava faataitai a lau vasega, vaelua ma tau i ai nuu e o mai ai ma ia faaaogā faalupega o na nuu. Faatino le ta'iga o sua faatamalii ma sua faatupu.

MATAUPU E TOLU

Anoafale Faapitoa i Totonu o Faiga Nuu

O le faapogai o aga a nuu taitasi ua ta'ua o agaifanua:

O agaifanua o tu ma aga masani e faapitoa i se vaega po o se motu poo se nuu. O aga e faapogai mai laufanua i totonu o se nuu poo se motu ma ua ta'ua ia aga o agaifanua. Ua tofu afio'aga ma a latou tu ma aga, o aga e patino lava i le siomaga ma fanua o lea nuu ma lea nuu. Ua i ai foi aga faa itumalo, pe faa motu. E faaeteete la le Ttusitala e talanoa i ia agaifanua ina ne'i avea le naunau i le i'a ae afaina ai le upega. E iai nisi agaifanua o loo ta'ua i isi vaega o le tusi, o ia vaega o mea e fia faamalamalama. O agaifanua ma tulafono faa le nuu ma puipuiga faa matai ua fesoasoani tele i le Malo e faaitiitia ai e le gata i le aofa'i o alii ma tamaitai leoleo o le Malo ae ua lagolago tele faiganuu i le Malo

Fesoasoani Nuu i Leoleo

i le tausiga o le filemu ma le saogalemū o afio'aga ma alalafaga taitasi. O lea fesoasoani na faaalia mai i se taimi lata mai i le afio'aga o Tiavea na tusia e le nusipepa o le Samoa Post. Na faatonu i le fono a matai o le afioaga o Tiavea taulele'a o le nuu e saili se tasi o le nuu na masalomia o totōina le laau faasāina o le mariuana. Ina ua maua ma faamaonia le tuua'iga, sa molia loa e le afio'aga i leoleo o le Malo. Na oo atu alii leoleo ma toe saili ma maua ai nisi vaega se tele o le soligatulafono, ma molia ai loa lē na tuuaina e faatali ai lona faamasinoga. E manatu ma talitonu le Tusitala ua uma ona faaoo se faafetai ma se faamalo a le Malo i le mataala o le afioaga o Tiavea ma saga faaopoopo atu pea i ai le faafetai a le Tusitala. E le gata foi i lea e i ai foi nisi afioaga sa faapea foi ona lagolago i le Malo auā lava le tausiga o le filemu i totonu o afioaga taitasi ma le atunuu atoa.

Ua i ai foi se fesoasoani tele a alii o le malo i le tausiga o le filemu i alalafaga o loo vala'au atu mo se fesoasoani mai le vasega o alii leoleo. Peita'i e tele foi ni mataupu o i'uga o faamasinoga ua tuuina atu i le ofisa o leoleo mo se fesoasoani mo le faataunuuina. O nisi ua vave on faataunuu, ae ua fai foi sina faagesegese ona gāoio le ofisa o leoleo i nisi mataupu. O tulaga faapea e ono tutupu ai ni faalavelave ma aga'i ai nuu poo aiga poo tagata taitoatasi e faataunuu lava e latou ia faai'uga ona e i ai nisi tulaga ua fiu i tatali ae ua tuai se fesoasoani.mai alii o le malo.

Tutusapau tulaga i le va o Nuu ma le Malo i Samoa e lua:

Masalo ana tofu nuu taitasi ma alii leoleo, o le a tele se tupe e faaalu ai. Peita'i ua avea galueaga a pulenuu ma afio'aga taitasi ua maua ai le nofo filemū i nuu taitasi ma faaitiitia ai le seleni a le Malo e totogi ai leoleo mo nuu i tua.

Ofisa o Mataupu Tau Samoa O le tulaga i Amerika Samoa i le faavaeina o le Faigamalo faa loto i fale e manaia foi lona tala'aga ma lona mafua'aga, ma o loo faamatala i Talafaasolopito o Amerika Samoa lea tulaga, pau le mea tāua o le Tofa loloto na mafua ai ma lona aogā i faigamalo faapalagi ma le feagai ai ma le faa le nuu, faa le itumalo ma le faa Samoa. O loo molimauina pea i Sisigafu'a i tausaga uma le tula'i mai o le Ofisa o Mataupu tau Samoa i le faafoeina o le aso o le Malo, ae le gata i lea o le tele o mataupu tau le aganuu i le pulea o 'ele'ele ma fanua faa Samoa o loo lotolotoi ai lenei Ofisa ma ona Faauluuluga.

Ua amata foi ona molimauina lea tulaga i le Malo Tutoatasi i le faamalosia o le pulega faapulenuu, lea ua galulue faatasi ai alii faipule ma ta'ita'i o vasega o alii pulenuu. Ua tatau ai lava ona maīōīō ma ma'oti se ta'iala e faavae ai lenei vaega tāua o le faigaāmalo, ina ia tumau pea poo ai lava le faigāmalo e tula'i mai i lea taimi ma lea faigāpalota. O aso ua mavae i le tofi pulenuu sa l ē amanai'a tele. Soo se matai lava e fetulifa'i ma vae māmā e fai mea e finagalo ai le nuu o alii sa tofi i le pulenu'u. O aso nei taluai le faamamalu e le malo lenei tofiga ua tuufaasolo, ma mana'omia e le toatele.

Vaega ua Vaevae ai Nuu i Afioaga Taitasi

O le tele o nuu ua vaevae i nuu o alii ma faipule, o le nuu o faletua ma tausi, o le nuu o tamatai ma le nuu o aumaga. E 'ese'ese matafaioi a vaega taitasi ae felagolagoma'i mo le lelei o le afioaga.

O le nuu o Matai O le nuu o matai ua ta'u foi o le nuu o alii ma faipule auā e pulea le nuu atoa. O le nuu lea e fau ai tulafono e fai ma ta'iala i le nuu atoa. O le nuu foi o alii ma faipule e faia faasalaga o agasala mamafa ma agasala māmā. O isi vaega poo nuu i totonu o afioaga e faalogo ma usita'i i faatonuga mai le nuu o alii ma faipule. O le nuu o matai e fesoota'i ma le malo e auala i le pulenuu, o se tofiga e filifilia e matai ae faamamalu e le malo. E mamalu ma sologa lelei se afioaga ona o le mamalu o le pulega a nuu o matai. E fesoasoani tele foi le nuu ma pulega a matai e lagolago i mea e finagalo ai le malo e auala i le pulenuu. E tofu foi alalafaga ma auala o a latou fonotaga. Ua ese fono tauati, ese fono o faasalaga mamafa. O fono tauati o fono e fai ai tonu o taualumaga o se faiganuu, e fai ai foi mataupu o ni solitulafono māmā. E tofu foi nuu ma igoa e faaigoa ai fono o faasalaga mamafa. O le fono lea e ta'u e lo matou nuu o Saleaula o le fono **faa Vaituutuu**. A tala'i loa se fono faa Vaituutuu, ua iloa foi e i ai se agasala mamafa ua fai e se tasi o le nuu.

O le Nuu o Faletua ma Tausi O le nuu e i ai uma faletua o tamalii, ma tausi o faleupolu, o nisi nuu e auai faatasi ma soo se tamaitai o avā a aumaga, o fafine nofofua, o fafine ua maliliu a latou tane ma teine e lei nofo tane ma ua le ao'oga. E tutusa lava tulaga o le nuu o alii ma faipule ma le nuu o faletua ma tausi. O le faletua o le alii sili o ia lena e faaaloalo i ai le nuu o faletua ma tausi e faapena tulaga o tausi o faleupolu e faia le nuu o matai. E i ai foi tulafono e fai lava e le nuu o faletua ma tausi. O ia tulafono e fai ma ta'iala e pulea ai tinā ma tama'ita'i uma i lenei vaega o le nuu. E leai foi se tulafono e feteena'i ma tulafono a le nuu o alii ma faipule. O le nuu foi lea e masani ona faaigoa o le Komiti o le Tumāmā. O se igoa fou talu ona faamamalu o galuega faafoma'i ma teine tausima'i i nuu ma alalafaga.

O le Nuu o Tamaita'i. O le nuu lea e i ai uma tamaita'i nofo fua, o fafine ua maliliu a latou tane, ma teine e le'i nofotane. O le nuu lea e i ai augafaapae poo taupou a le alalafaga. O le augafaapae poo taupou e faaaloalo i ai le nuu o tamaita'i e pei o le faaaloalo e ave i le alii poo alii o le nuu. O augafaapae e fai a latou saofa'i i luma o le nuu o alii faapea le nuu o tama'ita'i. O le ala faamamalu foi lea e alii augafaapae auā ua tusa lava o ni matai ua uma ona faia a latou saoimatau. O augafaapae e taualugā ni faafiafiaga tetele ae maise foi le tauavea o taalolo ae mo'emo'e ma lona lauao ma ana teuga ma lana nifo oti. E i ai lava ni fanau tama'ita'i a tulafale e faia le nuu o latou foi ia e ta'ita'i i le nuu o tamaita'i. O le nuu foi o tamaita'i e faaigoa i nisi taimi o le aualuma poo le tinifu. O le nuu lea e pele i finagalo o le nuu o alii ma faipule, auā o tamaita'i e iloa ai le nuu i fafo atu o le afio'aga. E i ai taimi e sau ai aumoega poo faletautū i le nuu ona o se augafaapae o loo moli mana'o mai i ai se alii o isi nuu. E fiafia le nuu o alii ae faataunuuina se faaipoipoga ae maise o tulafale tāua o le nuu auā o le a tele ai mea latou te maua. Ae sili ai ona fiafia tulafale o le nuu o le alii faaipoipo auā o le a tele ni a latou toga e maua, auā o le itu a le tamaita'i faaipoipo e faia toga ae o le itu a le alii e faia oloa.

O le Nuu o Aumaga. O le nuu lea e i ai uma taulele'a o le nuu poo tama tane uma e le'i matai. O le nuu o aumaga e i ai le taule'ale'a poo taulele'a ua fai saofa'i ma ua avea o manaia. O le manaia e faamamalu e le nuu o aumaga ae maise foi o le nuu atoa, e pei foi ona faamamalu le augafaapae i le nuu o tama'ita'i. O le manaia foi e taualugā ni faafiafiaga tetele ma mo'emo'e foi ma lona lauao ma ana teuga e ta'ita'i se taalolo a lona nuu. O le nuu o aumaga latou te faia uma mea e finagalo i ai le nuu o alii ma faipule. Soo se fono a le nuu o alii ma faipule e i ai ma aumaga e latou te saunia mea 'ai o le fono. O le nuu foi o aumaga ua ta'u o le malosi o le nuu, ona o aumaga e faia ma faatino galuega mamafa ma faigata i totonu o se afioaga. O aumaga e leoleoa le saogalemū i totonu o se nuu, e pei o tagata faatupu faalavelave pe solia se sa i totonu o se nuu, o aumaga e taofia ne'i tupu se vevesi ma se misa i totonu ose nuu. Talu ai le 'ese'ese o faiga a nuu i vaega ma tulaga ua vaevae ai vaega 'ese'ese o lea nuu ma lea nuu ua lavea ai lenei vaega o agaifanua, ae o gaoioiga i vaega taitasi o loo laugatasia ai le tele o nuu, e mafai foi ona avea ma aganuu, e pei o faletautū poo aumoega, o manaia ma augafaapae o taalolo ma taualuga.

O Anoafale o loo Eseese ai Manatu

O loo manatu le toatele ua sili le afioga i lo le susuga, ae manatu le Tusitala e tutusa le tāua o nei faalagina o le afioga ma le susuga, ma o mafuaga nei. O le a taoto ia le fiso ma ona lau i le paia i le la'au na amotasi, le mamalu i faatui ma tootoo ma upu i le Manu'atele, e faapea foi ona 'ou faatulou atu i le paia i Tama ma Aiga o Aiga foi ma o latou Tama upu ia Tumua ma Pule Ituau ma Alataua Aiga i le Tai ma le Vaa o Fonoti, ae tainane foi le paia i le Faleagafulu, tulou, tulouna lava. E faapea se manatu: O Samoa ma Tutuila e lua ona vaega tetele o loo faalagi ai: O le Aiga sa Malietoā ma le aiga sa Tupuā. O suafa matai uma e a'afia i aiga sa Tupuā e faalagi o afioga, ao suafa matai uma e a'afia i aiga sa Malietoa e faalagi o susuga. Silasila foi i le suafa Malietoa o le susuga i le Tapa'ufaasisina. O suafa matai uma i aiga tau Malietoa e faalagi o susuga. E pei o matai i Aiga i le tai o le aiga tau Malietoa e pei o le suafa Leiataua ma Taupaū ma Mulipola e faalagi o susuga. O suafa uma e aafia i Aiga o Tupua e i ai Tuala ma Salā, e faalagi o afioga. O suafa matai foi i totonu o afioaga e lē aafia i le lio o Aiga e iloga lava le tupuaga o ia suafa pe o se suafa sa Tupuā pe sa Malietoā. E pei o le nuu o le Tusitala o Saleaula o loo i ai Alii e Lua o le afioga a Tautaiolefue ma le susuga i le Tauili'ili. O ia suafa e tutusa pau lo la tulaga e tasi foi lo la faalagina ae afioga le isi ae susuga le tasi. A saunoa le afioga ona faapea lea ua paū mai le afioga Tautaiolefue, ae a saunoa le susuga ona faapea lea ua paū mai le susuga a Tauiliili. Afai e faasalalau le saofa'i a se matai alii ona faapea lea: **O le a faafotu alii** le afioga poo le susuga. O le faafotu tupu e vagana o le a faafotu se Tamaaiga ona faaaogā lea o le Faafotu Tupu o le Malietoa poo le Tamasese. O faleupolu poo tulafale e tasi lava lo latou faalagina o lau tofa, poo lau fetalaiga pe a fetalai le tulafale A faafotu le tulafale ona faapea lea: O le a faafotu le vaa'ulu o le tofa a Futi.. A faalagi taitoalua o tamalii ona ave lea i ai le faletua, ma o le faalagina lena e tutusa uma ai lava faletua o afioga ma faletua o susuga. O le faalagina o taitoalua o tulafale o le tausi, ma e saunoa le faletua ae fetalai le tausi.. O tamaita'i ua ta'ua o Feagaiga poo Tamasa a aiga e faalagi o le afioga poo le susuga. E mulita'i lava i faalagina o latou alii. O augafaapae poo taupou e faalagi foi o afioga poo susuga. E pei o lenei: o le susuga a Tooā, poo le afioga a Falenaoti. O taulele'a e ta'u sa'o lava o latou igoa, se'i vagana se taule'ale'a ua faae'e i ai se suafa manaia a lona afio'aga ona faalagi foi lea i le susuga poo le afioga, poo se taul'eale'a foi ua i ai se tofiga maualuga o le Malo poo se isi lava tofiga ona ave lea i ai le afioga poo le susuga e tusa ma lona faaēaina i tofiga. Afai foi ua tuua le malo e se tamalii pe usufono se tulafale ona ave lea o le **tuumalo** i le afioga poo le susuga a le tamalii, a e ave le **usufono** i le tofa a le tulafale. Ona faasalalau lea faapea: "E faanoanoa lava e faasilasila atu le **tuumalo, poo le tuua o le malo** i le afioga poo le susuga a le tamalii" Ae afai o le tulafale ona faapea lea: "E faanoanoa lava e faasilasila atu le **usuia o le fono** e le tofa i le tulafale".

O le aganuu i nofo ma faanofonofo

O le isi lea vaega o le aganuu o loo eseese ai le faiga i lea nuu ma lea afioaga. O aso nei ua muamua fai le sauniga lotu. O lea sauniga e pule le aiga pe auai le nuu o matai pe tau o paolo ma aiga o le nofo. O nisi faanofonofo ua auai faatasi ma matai o le nuu i le lotu e faapaia ai le nofo poo le faanofonofo.

O le usu i le faanofonofo: Afai loa ua mae'a le sauniga a le aufaigaluega ona amata loa lea o le usu faaaloalo a matai o le nuu i le faanofonofo, pe o se faafotu alii, poo le faafotu o le vaaulu o se faleupolu. E muamua lava ona fetalai le tulafale e sufia 'ava. Afai e mae'a 'ava o faleupolu ma amia 'ava o ipu a tamalii ona faatoā tapā lea o 'ava a malo usu. O nisi nuu e amata le usu o loo faatasi ma malo usu i le maota, ae o nisi ua ao na o 'ava ae le auai malo i totonu o le maota. Afai loa ua atoa 'ava o le usualele i se

faanofonofo ona te'a loa lea i matai o le itu o le faanofonofo. I le faanofonofo a le Tusitala o loo fetalai 'ava ai se tulafale o le itu a le faanofonofo e folafola, ma faasilasila 'ava o malo usu ina ua mae'a ona faasoa 'ava o le usualele a Saleaula ma lana faatufugaga ma ona gafa. Afai loa e mae'a ona faasoa 'ava o le usu, ona aumai loa lea o 'ava o le nofo. O 'ava o le nofo o tugase na aumai e paolo i a latou sii faaaloalo ma 'ava lava na saunia e le faanofonofo ma lona aiga. O le taimi fo'i lea e ave ai faatasi ma ni **'ava ati** poo 'ava e ati atoa ma lau ma a'a. Afai loa e mae'a le usu faaaloalo ona sosoo loa lea ma le taumafataga ae mulimuli mai ai ma palapala malo o oloa 'ese'ese o povi, manufata, paelo, pusa 'apa ma nisi lava tamaoaiga 'ese'ese. O nisi foi taimi a

mae'a loa le taumafataga ona faase'e lea o le nuu ma malo i se isi maota ma faatali mai ai oloa o le faanofonofo. O le taimi lea ua tapena ai e aiga ma paolo toga o le nofo mo le taliga o toga o le nuu, itumalo ma malo usu poo Samoa atoa. A mae'a ona aami lea o le nuu ma malo usu i le malae, ae tu le tootoo o le malo toga.

O le Tinā o le Tusitala o Malia ma le api o faavasega mea 'ai o la'u saofa'i ae o loo gagau atu le Salelesi i tua e vaavaai sana Segi, ae maise o le manufata tele o loo

taatia. Le Tofa Lauvi Faataga lona tuagane o galulue faatasi.ma isi matai o le aiga Fa'i Maui'u ma Lofipo Vai.

O le Segi a le Salelesi e lē iloa i le motu i sasa'e ae ua masani tele ai tagata i Samoa. E fai ma to'a i mea e fai auā e pule lava le Salelesi poo le manufata ma ni pusa 'apa ma ni paelo e fai ai lana segi. E 'alalaga lava tagata ae fai lava lana faitalia. Ua feoloolo i nei aso ua faatali ae fai e le aiga lona inati ona gata ai lea. O toga fo'i ma tupe ua tagisa foi i ai.

Tala i le Salelesi O le Salelesi o le soga a le Tuiatua Mata'utia Faatulou. O le tagata Toga e igoa ia Lesi sana tausia Tuimavave le alo alualutoto o le Tuiatua. Ona avatu lea i ai e Levalasi ma Salamasina le mamalu na mafua ai ona faamamalu e le atunuu le tofiga o le Salelesi O le tupuga foi lea o le afio'aga o Salelesi i le Itumalo o Atua.

O le 'ie o le nofo poo le faanofonofo. E ui ina tele toga o se saofa'i ae iloga lava toga igoā. O le toga o le nofo o se toga lea e sili ona tāua mai toga uma o le saofa'i, o le toga lea e lafo ai le tulafale na lauga e faapaia le nofo. Ona pau lea o le itu tāua i le taliga o toga o se nofo, ae 'ese'ese lava alalafaga ma a latou faiga.

Sa lē fiafia Faifeau ua leai so la nofoaga. O le sauniga lotu i se faanofonofo na 'auai le Tusitala na faatumulia le maota ae le'i oo atu faifeau. O le isi faifeau e savali i le tootoo ma sa leva ona tutu i fafo le aufaigaluega ae ua faigata ona ulufale ona ua faatumulia sootuli ae maise o le atualuma. Sa ulufale le faifeau malosi ma nofo i le falalili'i i luma o le laina a faleupolu. Ae sa faate'ia le maota i le palasi o le tootoo o le isi faifeau ma faapea lana saunoaga: "O fea so ma nofoaga, o le tou manatu e fai ma'ua ma moamoa o le fale o le a faanonofo ai ma'ua i le moa o le fale?". Sa vave ona matala le saofa'iga a faleupolu ae fai ai le nofoaga o faifeau ona faatoā sauni ai lea o le lotu e faapaia nofo. O le nofoaga o le aufaigaluega o le atualuma o le fale. O nisi faiga ua auai faatasi ni matai matutua ma faifeau e faaee atu aao e faapaia nofo.

Poo le a le muagagana ae o le a le alagaupu? O le Alagaupu ma le muāgagana o loo eseese ai foi manatu ma o le isi lea tulaga e tatau ona faamalamalama. I le manatu o le Tusitala O le muagagana o se gagana e masani ai le toatele Mo se faata'ita'iga: O le Samoa e alofa i soo se tasi. E tiga se mea faigata ae matala mai lava i le faamolemole. E tu maualuga i le manatu o le tagata Samoa ana tu faaaloalo. Ae o le alagaupu o le manatu e tutoatasi i se mea ua uma ona tupu e pei o lenei: "Ua tatou fetaiai nei i magafetau ola e pei o le upu e fai ia Leutogitupa'itea". Poo lenei fo'i: "E pipii tia ae mamao ala e pei o upu e fai i seuga a tamalii". O manatu poo fuaiupu e tutoatasi, ae fetaui lona uiga i se mea o loo tupu.

Aisea e faalagi ai Faifeau o Afioga isi ae Susuga isi?

O le tali o lea fesili e mafua mai i le 'ese'esega e pei ona faamatala i luga auā o le aufaigaluega uma a le Ekalesia Katoliko e faalagi o afioga, ae o le aufaigaluega a le Ekalesia Faapotopotoga Kerisiano i Samoa po o le LMS, faapea foi le Ekalesia Metotisi poo le Lotu Toga e faalagi o susuga. Auā foi na taunuu le uluai misionare LMS i le Susuga a Malietoa i Sapapalii i Savaii ona tuuina atu lea i ai e Malietoa lana Susuga e faalagi ai faifeau o lana Ekalesia. Na faapenā foi ona avatu e Leiataua lana susuga i faifeau Mettotisi auā sa taunuu i ai le uluai misionare o le Ekalesia Metotisi i Faleu, Manono. O le uluai misionare o le Ekalesia Katoliko sa taunuu i afioga ia Tuala ma Salā i Lealatele i Savaii ona tuuina atu foi lea i ai le la afioga e faalagi ai faifeau o le Ekalesia Katoliko e pei ona i ai pea e oo mai i nei ona po. Talu ai le manatu e sili le afioga i lo le susuga ua faalagi ai nisi tofi maualuluga o le Ekalesia Faapotopotoga o le afioga a le Ta'ita'i Fono, poo le afioga i le Peresetene o le Ekalesia Metotisi. Masalo ona o le manatu ia ese atu se faalagina o faauluuluga o Ekalesia i lo le faalagi faatasi ma isi faifeau.

O Isi Aganuu ua Seāseā toe Vaaia i Nei Ona Po

O aganuu i aumoega poo faletautū, o le molimoli o tini o le taupou poo le manaia i taimi o faaipoipoga, o le aganuu o le faafailelegā tama i le uluai pepe, o le faamatua a fanau, o koniseti faasolo, o aisiga faasolo i taimi o le tausaga fou, o aganuu ia ua seāseā faatino i lenei vaitaimi.

O le Aumoega poo Faletautū O le aganuu sa masani ai le atunuu pe a fia saili se faletua o le alii o se nuu. E masani ona i ai soa o alii sili o nuu, o tulafale ia e latalata tele i le alii. Pe finagalo i ai le alii e fia saili sona faletua, pe o le loto lava o soa o le alii e alu ai se avea'i i se alo tamaita'i poo se taupou ase isi nuu ma faaali i ai le mana'o o le alii. E ta'u le galuega poo le savali a soa o le **Aumoega**. Afai loa e talia le aumoega, ona sauni loa lea o le malaga poo le **Faletautū**. O le malaga lea o le nuu atoa e auai faatasi ma le alii e ana le faamoemoe. E matua'i tapena mea uma auā o le itu a le alii faaipoipo e faia oloa ae o le itu a le tamaita'i e faia toga. O lea aganuu e malosi ona uunai'a e faleupolu poo soa o le alii, auā e tele ai a latou toga ma tamaoaiga e maua ai pe a faataunuu i le manuia le faamoemoe. E i ai nisi uiga loloto o lea aganuu, ae maise o le fia faamaonia pe se taupou le tamaita'i pe leai. O loo faamatala lea tulaga i nisi tusitusiga ae o le mea tāua o le malamalama o le aufaitau o loo i ai lea aganuu, ua seāseā faatino i nei ona po.

O le Aganuu o le Momoli o Tini. O le momoli ina o tini o le taupou poo le manaia poo le alii o le i si lea aganuu manaia, ae maise pe a faataunuu le faaipoipoga o faletautū e pei ona ta'ua i luga. O Faaipoipoga o Faletautu e fai ai le momoliga o Tini. E mua'i momoli Tini o le alii poo le manaia. E alu le solo e ta'imua ai le tulafale o le soa o le alii ma usu le pese e pei se solo (chant) a uma ona usu le tulafale ona tali lea o le toatele pe mua fo'i. O fuaiupu uma o le solo a le tulafale o le lagina na o tini, auā o tini o faalagina na o le alii. O tini o le faalauiloa lea o mamalu o le alii i ona gafa, pe tau tupu pe tau tamalii, pe tau faleupolu e pei o faleupolu o tofiga. O le taimi foi lea e momoli ai ma oloa o le tamaoaiga o le alii. O le toatele o tagata i le solo o loo umia atu oloa e ave i le i si itu. E faalogo pea foi i upu tomua o lauga a faleupolu ua faapea: Nuunu'u atu faa tini o tausala o outou paia ma o outou mamalu. O lona uiga o le nuunuu atu o tini o le Tausala poo le taupou ona o lea ua oo mai le momoliga o Tini o le Alii.

O le Aganuu o le Faafailelegatama O le aganuu e fai ina ua fanau le uluai suli o le mafutaga a se aiga fou. E masani ona faataunuu e le aiga o le tane. Ao nonofo le ulugalii fou i le aiga o le tamaita'i e maitau e le aiga o le tane le taimi e fanau ai le ulumatua. Afai o se tama tane e faaigoa o le alii o aiga, ae afai ose tama teine e faaigoa o le tamaita'i sa, poo le feagaiga.. O le taimi foi lea e ave ai le toga o le 'ie faatupu pe afai o se tama teine, o le ie e teu faapelepele e matua o le teine auā sana faaipoipoga. E sauni foi e le aiga o le tane fala lili'i laiti poo fala pepe faatasi ma ni falalau'ie o le ulumoega o le pepe fou. E ave le ulumoega ma ni taumafa se tele ma malaga loa e asi le pepe fou, ma ua ta'ua lea mea **o le faafailelegā tama**.

Le ulumoega o le uluai pepe

O le Aganuu o le Faamatua. E i ai foi le i si aganuu ua ta'u o le **faamatua**. O le aganuu lea e fai e matua talavou i matua o le tinā poo matua o le tamā ao soifua pea. E tasi se 'ie lelei ma le tāua e ave e matua talavou ma ua faapea a la upu: Ua ma o mai ia te oulua matua ma le 'ie lea o le faamatua a le ma fanau. O se taimi fiafia lea o matua matutua ona e iloa ai le ma'ema'e o a la fanau ma le laasia o lea aganuu tāua a le atunuu. O le taimi lea e aumai ai e matua matutua faamanuiaga mo matua talavou mo la'ua ae maise o le la fanau. Afai foi e galo ae ua tuumalo se matua tausi o le isi lea toga tāua o le faitoga e tauala i se ulugalii talavou o le 'ie o le Faamatua.

O le faamatalaga o le mafua'aga o lea aganuu e faapea: O le masani a fanau a fanau i aso ua mavae, o le ave o faamatua poo fafie e tafu ai afi a matua i le fale. O ia afi sa tafu lava i totonu o fale i se ta'inafi laititi e ta'u o le **Magalafu**. E lē mate le afi i totonu o lea ta'inafi auā sa toa'aga fanau talavou e ta'u i a latou fanau e la'u faamatua poo fafie poo ogalaau fou mo lea ta'inafi i taimi uma ae aumai e matua le faamanuiaga. E lē mafai ona mate le afi a matua matutua ona o le tautua a fanau a fanau. A'o le'i tofafa e mua'i tanutanu malala o le afi i lefulefu, e ala usu fo'i i ai toeaiina ma loomatutua 'cli'cli i le taeao ma toe faaopoopo nisi ogafafie poo ni faamatua. O le ta'inafi foi lea e atiafi i ai le toatele o le nuu auā o se afi e ola pea. Ua alualu a'i aso o le soifua'aga o le atunuu ua liliu le tautua i fafie i se toga lelei ma le tāua e teu e matua matutua e faamanatu ai fanau a latou fanau, ma ua tauave pea le igoa o le faamatua e faamanatu ai faamatua fafie.

O Koniseti Faasolo E pei se faiga fou, ae o se mea sa masani ai i le vaitaimi o le 1930 i le 1990. E manatua ai pea le alii faipese lauiloa o le atunuu le Afioga a Iiga Talitimu. O ana koniseti sa faasolo i le atunuu atoa, ma o nisi o pese o ia koniseti e i ai: "O Lokeuaine lena na taunuu i Manu'ā i le tausaga e tasi fitu lualuā, sa fai lana talā i tagata Samoa, o tagata folau i le vasā". O le i si o ana fatuga e ta'u ai ipu popo ma laufai, e faaaogā faatasi a uma ua tiai. Sa faasolo foi se koniseti a faia'oga o Samoa e tai'ta'i e se tasi alii faipese le Tofa a Matua Anaua a i ai le pese: "Faiaoga e loto tele tumau o lou tiute lea i le fanau, o le faavae ia siitia lou atunuu i le manuia. Oi! Faia'oga loto tele, tele ia tumau ma le faamaoni, naunau iā e maua le poto moni, moni e tumau ai Samoa i le olioli".

Aisiga Faasolo I amataga o tausaga taitasi sa masani ona faasolo ai aisiga a faalapotopotoga ma isi nuu ae ua seāseā toe faia. O le agaga e faafiafia ua aulia le tausaga fou. O le i si mafua'aga o le saili o seleni, ma ou te masalo o le mafua'aga lea ua tau le vaaia ai o faatino lenei aganuu sa masani ona mafuta ai tagata o le atunuu ma fiafia ai ua aulia manuia le tausaga fou.

O se Aoa'oga Ia malamalama tupulaga i le eseesega o le aganuu faitele ma agaifanua a nuu taitasi, ma ia faatāua ia i latou le a'oa'o o ia aganuu i o latou lava nuu. Ina ia nofo malamalama tupulaga lalovaoa i le ese'esega o le afioga ma le susuga, atoa ma faalagina e ave i faleupolu.

O Fesili 1. E sili le susuga i le afioga, poo le afioga e sili i lo le susuga? Faamatala lou manatu. 2. Faamatala le auga poo le tupuga o le susuga ma le auga poo le tupuga o le afioga. 3. A fai e lauga le tulafale o le a le upu e ave i ai, ae faapefea pe a lauga se alii? 4. O le a le ta'u o le toga a le tulafale? Ae o le a le ta'u o le toga a le alii? 5. O le a le ta'u o le saofai a le tulafale, ae o le a le saofai a le alii? 6. Tusi sau tala i ni mea e te iloa ma mitamita ai i lou lava nuu? 7.O a ni faasalaga ogaoga ma mamafa i totonu o lou nuu? 8. Faamatala le eseesega o fono a nuu taitasi, saili mai i lau vasega igoa o ia fono. 9. Vaevae ma faamatala ni vaega ua vaevae i ai le nuu o le tamaititi o le vasega. 10. Faamatala nisi aganuu ua seāseā faatino i nei ona po. 11. Faamatala le faletautū ae o le a le isi ona igoa, ae mo ai foi? 12. O le a le mea e ta'u o le faamatua? O le a le taimi e fai ai? 13. O a mea e ta'u o tini o tausala, o le a foi le taimi e faatino ai? 14. O le a le ese'esega o le muagagana ma le alagaupu? Faamatala 15. O le a le aganuu ae o le a le agaifanua? Faamatala

Fesoasoani mo le Faiaoga Faamalamalama i lau vasega le eseesega o agaifanua ma le aganuu. Fesili i le vasega e faamatala ni agaifanua e ese ai lo latou nuu mai i isi nuu.

MATAUPU E FA

ANOAFALE AUALA I LE FAIVA O LE TAUTUA

"O le ala i le pule o le tautua lelei", o le algaupu masani a le atunuu. Soo se Samoa e tatau ona malamalama ma faia le faiva o le tautua. E lē sili le auauna i le matai, e lē sili foi le mea na faia i lē na faia. E lē sili le ave feau i lē ana le feau. O afioga ia mai le Tusi Paia e faaali mai ai le galuega a le auauna e fai i lona matai, ma ua ō gatusa ia afioga ma le aganuu o le tautua. O le isi lea aganuu e tulaga 'ese ai lava Samoa i isi atunuu, ona o Samoa o le atunuu e faasilisili le tulaga matai. O matai e i ai o latou 'au aiga e faamoemoe i ai i mea e fai ma le tautuaina o lona matai pe a tupu faalavelave faitele. I totonu o le aiga e i ai lava le taule'ale'a o le tautua faapitoa mo le matai..

O le Uiga o le Upu "Tautua"

(Sao o le alii faifeau o Oianata'i Matale)

"E lua upu o loo fafau ai le upu nei: Tau ma Tua poo le Tautua.**1. O le tau**: O lona uiga e tau ma le 'ofe, paopao, upega, vaa'alo, auā le gataifale.E tau foi ma le aga'ese, amo, mele'i, lou, auā le gagauina o le vao. E tau ma le fafie, le afi, le valusaga, le ausa'alo auā le tatua tuavae. E mafai foi ona faamatala i upu nei: **1.** Fe'au, Nafa, Matafaiōi. Galuega, Auaunaga ma le Tiute. **2. O le tua**: E faamatala e le upu tua le vaega poo le tulaga o le aiga, nuu, poo le vaega o Samoa e faatino ai feau, nafa, matafaioi, galuega, auaunaga poo tiute o le tautua. O lona uiga o mea uma e fai mai tua: A nofo e nofo mai tua, a tu e tu mai tua, a savali e savali mai i tua, a 'ai e 'ai mai tua, a fia tautala e tautala mai tua, a moe e moe i tua. A fai sona fale e fai foi i tua. O lona fale e tua i ai le maota poo le laoa o le matai. A a'e le faatautaiga e ui mai tua ma nofo mai tua ma tautala mai tua ma faailoa i le matai lona faiva. E faapena foi pe a aumai le sua a le matai. E nofo mai tua ma laulau mai tua le sua a le matai o le aiga. E aumai i le tunoa agai i le fale oo poo le fale o le tautua, aga'i atu ai i le afolau poo le maota tofā, ma aga'i atu ai i le fale tele. Auā e faapea ona faasolosolo tulaga o le tautua i le aganuu: E tua le tunoa i le vao o loo galueaina ai maumaga, e tua foi i le sami e saili ai tamaoaiga o le gataifale. E tua le faleoo i le tunoa e gaosi ai taumafa, e tua le maota tofā i le faleo'o poo le fale o le tautua e aumai ai le sua a le matai. E tua le fale tele poo le fale talimalo i le maota tofā ma le faleo'o pe afai ua malotia le maota talimalo o le aiga".

E faapea ni manatu o nisi tagata: E lē tautua tamali'i, ae fai mai le muagagana a Samoa o le faiva o tamalii o le tautua lelei. E sili ona tautua lelei le tagata tamalii auā e malamalama lelei le tagata tamalii i le faiva faatamalii. O le isi muagagana:"E masani le tamalii i ana aga faatamalii, e masani foi le tupu i ana aga faatupu". A lelei foi se gaoioiga a se tama poo se teine ona faapea lea o tagata: E lē tioa auā e tupuga mai le aiga tamalii. E iai fo'i se isi upu faapea: "E lē tautua se tufanua" e mafua mai i lea manatu auā e lē iloa e le tagata tufanua mea lelei e fai ai le faiva o le tautua. Talu ai ua soo le gafa o Samoa, o lona uiga foi ua toto tamalii uma tagata, ma ua tatau foi ona iloa ma silafia uma e tagata Samoa ona fai o le faiva o le tautua. O le tagata tautua lelei e lē na o faatonuga na te faia, ae soo se mea na te silafia e tatau ona fai e faia ma le fiafia. O lona uiga o le tautua e faia i le loto fuatia ifo. E lē faia ona o se taui, ae mo'omo'o ina ia fiafia lona matai.

O le Tautua Matavela

O le uluai tautua o le mū lea o mata i le afi, tulou e tapena ai se mea taumafa vevela auā lona matai. E naunau le tagata tautua ia 'aua ne'i taumafa i se mea 'ai ma'alili lona matai.

atotalo   'asi   valusaga

E naunau foi le tagata tautua ia lelei mea uma e ta'u ai le suafa o lona matai i luma o tagata, e pei o saofaga faa le nuu pe faa le lotu. O lona uiga ia telē se maumaga o le taule'ale'a tautua, ia i ai se lafu puaa, se lafu moa. Afai foi e maua ni povi o se mea lelei foi lea. Ia tele ni fanua ua opo i toganiu, togakoko, togafa'i. E ao foi ina totō ni 'ava. O lona uiga ia matuā tamaoaiga le taule'ale'a tautua i mea uma. O le taule'ale'a tautua foi ia atamai i le fagota i soo se ituaiga faiva. Ia i ai sona paopao, sona vaa'alo, auā e sa'ili ai tamaoaiga o le gataifale e tautua ai le matai. O le tiute o le taule'ale'a tautua o le usu i le fale o le matai e maua mai ai se faatonuga o le aso. E alu i le maumaga sau fai le suavai alu fai se faiva auā se sua a le matai. E lē o se tiute faigofie le galuega o le tautua matavela, auā e faafeagai mata i aso uma ma le vevela o le afi. Afai foi e alu se faiva e tau mata ma le la, pisia i le au ma le sou o le tai. Ona taunuu ai lea o le muagagana: "E fai foi o le tofu i faga ae o le nofo i fogāo'a" E fai foi o le tofu i le sami i aso uma ae o tiute foi i luga o le fogaeleele. Poo le isi muagagana e faapea: "E pisia i vasā toe taia i ulula". E taia mata i le pisi sami, ae toe taia foi i ata lafoia o le la i le sami. O le tautua matavela e faigūgū mea uma faatoā tautala ma faaali sona manatu ina ua fesiligia e le matai. E lē tali i se upu poo se faatonuga a lona matai, ae inu i faamanuiaga mai le matai ina ua malie atoatoa le finagalo o le matai i le tautua. O le tagata tautua lelei e muamua lava filifili e se aiga e sui tulaga i lona matai ina ua malie le tautua..

O aso nei ua seaseā tofu le matai ma le taule'ale'a tautua, ona ua tele ina nonofo 'ese'ese auaiga mai lo latou matai. Ua tofu ulugalii ma le mea e nonofo ai, ua tele foi ina mau galuega le toatele. Ua manatu foi nisi o le tautua lava o le ave o tupe i le mea e mana'o ai le matai. Ua lelei foi lea, ae ia manatua e leai se mea e sili atu i le nofo tuavae poo le nofo latalata i le mea o i ai le matai poo matua foi. O lona uiga lea o le upu nofo tuavae, o le nofo i lalo o aao o lona matai. O le nofo tuavae nate iloa i taimi uma le mea o mana'o ai le matai, ae maise o le tausiga o le tino i mea taumafa i taimi uma ua tatau mo lea aso ma lea aso. O le tāua o le nofo tuavae e lē na o tausiga i taumafa, ae o le latalata i le matai i taimi o faalavelave e pei o taimi e gasegase ai le matai. Ae o le mea sili ona tāua o le i ai i le toe taimi o le matai poo le tamā poo le tinā. O le a sana toe upu, ae o le a sana mavaega ae o se faa manuia. O le taule'ale'a e faia le faiva o le tautua matavela e le pine ae maua faamanuiaga mai le matai e oo lava ina saofa'i i le suafa matai ona o lana tautua lelei. O le uiga lea o le muagagana: "O le ala i le pule o le tautua lelei". Talofa i se isi e te'i lava ua saofa'i i le suafa matai ae le'i tautua. E faalogo pea i upu a tagata e le tioa faapenā auā e le'i tautua. Afai foi sa tautua ae sa tautua leaga, sa tali i faatonuga. Ona faapea lea o tagata ua te'i lava ua saofa'i e le'i tautua. Pe faapea foi ua inu lava i ai aua sa tautua leaga i le matai.

O le Mavaega na Maua i le Tautua Matavela a Leatiogie

O le tautua na fai e Leatiogie i lona tamā o Feepo o foliga ia ma ose faata'ita'iga lelei lea o le tautua matavela. O Leatiogie o le atalii o Feepo ma sa nonofo i le mea e ta'u o Fogaa i le nuu o Faleula. Na alu Leatiogie i le mea e ta'u o maugatui i gauta o Faleula poo Aele e 'eli mai se ufi auā lona tamā matua o Feepo, ma o Feepo e tauaso. Ina ua sau Leatiogie ma ufi ona fesili lea o le toeaina pe na manuia lana sailiga, ae tali le tama e ono fasi ufi ae fitu i momoi ufi. Sa fai loa le tautua a Leatiogie i ufi auā lona tamā. E ono aso o maitau pea e Feepo, o le aso lava ma le fasi ufi. Sa misi alofa le toeaina poo a ni mea o a'i e lona atalii, auā ua vevela le oge. Ae na oo i lona fitu o aso, e tago atu fo'i Feepo o momoi ufi ua laulau mai e lona atalii. Ona atili ai lava lea ona tupu tele le alofa o Feepo ma ia faamanuia loa i lona atalii.

Tala i le mavaega feula a Feepo. Sa feula mai e le toeaina ao vevela lana taumafataga i le tautua matavela a Leatieogie. Ao fai upu a le toeaina ma tali lana sua, e tautala ma feula le vevela o lana taumafataga. Ona maua ai lea o le **Mavaega Feula**. O loo i ai upu a Feepo ua lauiloa e le atunuu na fai ia Leatiogie ao sauni i le taaloga o le "aigofie" e faapea: "A ū mai lou tua ia e'eli ou vae, ia pouliuli lou tino a 'ia malamalama ou mata, ma 'ia tafe toto ou ala." A'o sauni Leatiogie i le taaloga i le Amouta ma le Amoutai sa a'oa'oina o ia i tulafono o ia malae. O le tulafono o le malae o le Amouta o le **"Sa le Fulu"** Ona o le taaloga **sa** fai i le amouta o le pu'eina lea o manualii ia maua ae sa se fulu o le manu ona mafuti 'ese. Ae o tulafono o le Amotai: **"E Sa le Una"** o le taaloga sa fai i le amotai o le pu'eina o le i'a o le 'ava'ava. O le taaloga e sa ona mafiti se una o le i'a.

O le taaloga lenei sa taaalo ai toa nei e toalua o Leatieogie le alo o Feepo i Faleula ma Salevaogogo le alo o Leutele i Falefa. Sa tausiniō muamua i le amouta e tutusa. Sa toe taaalo i le amotai e tutusa foi. Na mafua ai ona maua le upu: "E tutusa tau'au tama". Ona faapea lea o le a saili i le malae i Moamoa le 'ese'esega. O le malae lea i gauta o Apia i le cleele o loo iai nei le Laumua o le Ekalesia Katoliko o Moamoa. Ona maua foi lea o le isi upu: "Toe o le aso nai Moamoa". O le taaloga na fai i Moamoa o le Aigofie, o le taaloga e fai i le ulu lapalapa. Ua mae'a nei taaloga i le Amouta ma le Amotai ae ua totoe ai lea o le taaloga i le malae i Moamoa. Ona faalautele lea o le alagaupu e faapea: "Fa'i foi o le Amouta ae o le Amotai, ae o le toe aso nai Moamoa". O malae ia sa faamoemoe i ai tama tane tauta'ua o Samoa, auā a uma le malae o Amouta ona faamoemoe lea i le Amotai, ae o loo faamalumalu mai le toe malae o le malae i Moamoa. Sa taufai malolosi tama i le taaloga. O le taaloga mulimuli lea e faaaogā ai ulu lapalapa e tai'a ai e le isi le isi. Ua lavea nei Salevaogogo i le lapalapa a Leatiogie ma ua manumalo ai i le toe malae i Moamoa. Ina ua aumai tala ia Feepo ua manuia le taaloga, lea na patipati taoto ai le toeaina. Maua ai ma isi muagagana: "Ua patipati taoto le Feepo." Ina ua manuamalo Leatiogie i le toe taaloga i le malae i Moamoa sa fusifusi loa lapalapa o malo poo laau o le taaloga ae momoli i Fogaa i le mea o tapuai mai ai lona tamā o Feepo, ona maua ai foi lca o le isi alagaupu: "Ua momoli laau i Foga'a." Ua faaaoga tele e faleupolu lenei alagaupu e pei o lenei: O le a tatou muamua ona momoli laau i Fogaa. Poo lea ua mae'a momoli laau i Fogaa i se tatou faasagi i le Tapaau i le Lagi lea na saunoa i ai le susuga i le Faafeagaiga i le taimi ua sola.

O isi Tautua Matavela na Maua ai le Upu Faamatua O loo faamatala i le Mataupu e Tolu le faamatua o se aganuu ua seāseā vaaia i nei ona po, ae o le a faamatala pea ona o se vaega o le tautua. E le na o mea 'ai e fai ai le tautua matavela. Soo se mea e fai e taulelei ai le matai ma le aiga. E le na o le taule'ale'a foi e tautua, ae soo se tagata o le aiga e oo lava i fanau laiti. O le tautua foi e le o se mea e faamalosia, ae o le lagona ma le loto fuatiaifo ma le alofa i le matai poo le tamā poo le tinā o le aiga O le tautua a fanau na mafua ai le upu"faamatua". O aso anamua na tautua ai fanau laiti i matua a o latou matua, e aumaia ia fafie e tafu ai afi a toeaiina ma loomatutua. O ia tainafi sa fai lava i fale e tofāfā ai e ta'u o le Magālafu.. Sa ta'u ia fafie poo ogafafie o faamatua o lona uiga ia 'aua ne'i mate le afi a ia ola pea i taimi uma. Ua suia la lenei tautua i 'ietoga, ma ua le faia e fanau laiti ae ua fai e matua o fanau laiti i o latou lava matua. Afai o i ai ni matua tausi ona filifili lea e matua laiti se 'ietoga lelei ma le memea, ona ō lea i luma o la matua, poo matua o le tinā poo matua o le tamā faatasi ma fanau ona faapea lea o upu: Ua ma oo mai i o oulua luma e aumai se faamatua a le ma fanau, ona fofola loa lea o le faamatua e silasila i ai matua tausi, ae aumai se faamanuia i fanau laiti. O lenā faamatua e teu mau faatoā tatala pe a uma le soifua o matua tausi. O nisi foi taimi faatoā aumai se faamatua pe a maliu se tinā, poo se tamā tausi ae o loo soifua pea le isi, poo le aumai foi i le aiga e tausi e le matai o le aiga, pe afai ua maliliu uma matua ae le'i faia le faamatua. Ua ese le faamatua, ese measulu a le fanau. E fua le tele o measulu i le faitau aofa'i o le fanau. E lē faia foi mea uma e lua i le si'i e tasi. Afai ua ave le faamatua i se si'i ua lava le faamatua e ta'u ai le fanau i lo le avatu le faamatua toe avatu foi ma mea sulu. O le manatu na o le Tusitala ae pule pea matua.

O le Tautua Upu

O le poto lea o le gutu auā faalagina o lona aiga lona nuu ma soo se tasi. Soo se mea e potopoto ai matai e i ai ma le taule'ale'a tautua e fai 'ava, folafola ma laulau faiga meafono poo toona'i, ta'i ma folafola sua ma nisi lava upu e mamalu ai lona matai. A poto ma atamai le gutu o se taule'ale'a ona fesili lea o tagata ose atalii o ai le tama lea. A maua le tali ona toe faapea lea: Oi! e lē tioa leaga e sau mai le aiga e masani i le faiva o le tautua lelei. Ua maua fua lava le tauleleia o le tamā ma le aiga i le tautua upu a le taule'ale'a E tautua foi le isi matai i le isi matai. Ua faapea le va feagai ai o faleupolu i o latou alii, auā o faleupolu e faia upu mo le matai ma e iloga foi alii e fai o latou faleupolu. O le mamalu foi lea o le alii o le i ai o lona faleupolu, ma e le nofo filemu foi le faleupolu ae mafaufau i fesootaiga o gafa o le atunuu ma le gafa o lona alii, auā o gafa o lona tapasa lea e folau ai lona sa ae maise pe a faimalaga lona alii i soo se vaega o le atunuu, ae mulimuli atu ai ma le faleupolu tautua.

Faaaloalo faa Tulafale i lona Alii. O le tautua faa faleupolu i se tasi o tamalii na faamatala e lo'u uso o Afamasaga Ofisa i se mea na tupu i le la faigamalaga siitoga na valaauina ai o ia e le Sagapolutele o Lavatai o Nuuuli, ma i lo'u faaeteete ina ne'i afaina ni finagalo o le a ou le ta'ua le nuu na sii toga i ai. O le taimi lea o loo suafa tulafale ia Ofisa ia Lemafu i lona aiga i Fasitootai. Ua oo i le taimi o le talisuaga ona laulau mai lea o lana laulau ona toso lea i ona tafatafa se'i mae'a ona taumafa Lavatai. Ae o tulafale sa latou faafeagai, ua taufai punonou ma tausasami faatasi ma alii. Tusa o le ogatotonu o le taumafataga na faapea atu ai Lemafu i le augasese i se ipu vai, ma o le taimi lena na ea 'ae ai faleupolu o le aiga ma iloa ai e lē o tausami Lemafu, fai mai o le taimi lenā ua taufai luai mai ai i fafo tulou, ia mama a tulafale. O isi ia aga a faleupolu fai alii, e lē mana'o i se mea, ae tasi lona faamoemoe o le faamanuia mai a lona alii, auā o faiga faapea e matala ai fofoga o le tulafale ma saga atili ai ona manuia lana lauga.

E lē faatali le tulafale i le valaau mai e lona alii: Afai e iloa e le tulafale o le a sii se faitoga a le alii, e tatala lona lafo ma mulimulita'i i le mea ma alu i ai le siigātoga a le alii. Ua le gata ina tautua i mea sina o lona lafo, ae o ia foi ua faamoemoe i ai le alii e fai ma fofoga i le faafeagai ai o le alii ma le faalavelave ua ala ai le masii o le faitoga. Afai foi e finagalo le alii e valaaulia le tulafale mo lona faamoemoe ona alu lea i ai o le savali e sosopo atu ma logo i ai lona faamoemoe. E lē gata ina talisapaia le valaau a lona alii ae tatala lona lafo auā le faamoemoe o lona alii. Afai ae mae'a le faalavelave o le alii, ona liliu lea o le alii ma lona aiga ua fai 'afu o le tulafale. O mea lelei uma o le malaga e lafoia ai le tulafale, ae maise lava pe afai ua malie le alii i le tautua upu ma le tautua toga a le tulafale.

E mafu mea a tamalii i faleupolu. O le isi foi tulaga o le aganuu, e faatalitali le tulafale se'i laulelei le alii ona sii mai lea o le taumafataga a le alii i ona luma ma o a lava ni toega o mea lelei e lei taumafā e le alii e ave uma e le tulafale. E fai foi le faasoa a le tulafale i mea nei i isi ona uso a faleupolu. O le isi lea tulaga e iai le isi muagagana: "e mafu mea a le tamalii i faleupolu". O tamalii foi e le taumafa umi, ae maise pe afai o se fesāga'iga a nuu tetele. E taumafai alii poo ai e vave laulelei, tusa lava pe na o le lua ni ana mafu tulei loa i tua le laulau. Ona o le aganuu e mafua ai ae le'i uma le fia taumafa ae tulei lava i tua le laulau ona o le vaaiga a tagata ne'i faapea mai nisi matua'i taumafa umi le alii o le malaga. O le isi foi tulaga masani e faatalitali tagata talimalo sei laulelei malo ona faatoā tulei lea i tua o a latou laulau. E iai le mafuaaga, auā soo se aga lava e iai lona faapogai. O le mafua'aga la lenei: E faaeteete le tagata talimalo e aua le vave laulelei ne'i faapea le malo ai ua mana'o le tagata talimalo ia vave ona laulelei le malo ne'i uma mea 'ai. O le isi foi tulaga tāua o le faaaloalo a le tagata talimalo se'i mae'a lelei ona taumafa malo, auā e tulei loa i tua laulau a tagata talimalo, ona faapena foi lea ona vave laulelei o malo

O le Tautua Toto

O le tautua toto o le tautua lea e sili ona faigata i le aganuu, auā e ave le ola atoa o le taule'ale'a e puipui ai lona matai. Afai e upuia lona matai e nisi o ia e tali poo upu ae i'u lava ina maligi ai le toto auā le tautua mo lona matai. E faapea foi ona puipui e le taule'ale'a lona tuafafine mai isi tama tane. E tuuina atu le ola o le tama tane e puipui ai le tuafafine, o le puipui lava lea i le mamalu o lona aiga atoa ne'i tauvalea pe faalumaina e se tasi. O le isi mafua'aga e maligi ai le toto o le tagata Samoa o le puipui i ona laufanua. O le si'i tuaoi a Sema na uma ai lona ola i lima o Imoa ma o le tala masani. Na faasala Sema i le sisi ona o lana agasala.

Tala ia Imoa ma Sema. O Imoa ma Sema e tuaoi o la fanua, e soo lautalo foi o la maumaga. Sa fai se lafo a Imoa o lana asiasiga i asiasiga maumaga a le latou nuu, ae paga e alu atu ua uma ona toto ai tiapula a Sema. Sa manatu Sema o le lafo a Imoa ua fai tonu i lona fanua. Sa faatalitali mai loa e Imoa ia Sema e ta'u i ai le mea ua na faia. O se tau lu'ilu'i poo le falōlō taliga. O se mea leaga i le aganuu le nofo o se isi ma tōtō le lafo a le i si tagata. E faapena fo'i pe a lia'i e se isi se mea na tōtō e le isi tagata. E faapena foi pe a lia'i ma faatama'i i le agaese, poo faalalo foi i le agaese se maumaga o se isi tagata. Ua tupu le finauga a Imoa ma Sema ma ua oti ai Sema i lima o Imoa. O le i'uga o le sisi ia oti. O Imoa o le toe tagata lea na faasala i le sisi i Talafaasolopito o Samoa. A'o le'i oo le faasalaga ia Imoa sa lagi lana pese ma o upu nei: 1."Faafofoga Samoa o a'u nei o Imoa o le toa ua leva ua oti ai Sema, o nai a'u mea ula a 'ua faamo'imo'i, tofa Tuitogi o le a ou oti.": 2."Aiga i le tai ma Leulumoega, e maligi loimata tagi o lo'u agaga, ua tuumalo Sema i le palapala faamagalo ita le tagata leaga". O le tali e faapea: "Oi tofa 'oe la'u ti ā o le a mavae nei ta 'uā, toe liliu lou mafaufau saili se tasi e tauagafau o le a seu lo'u vaa e āga i le āu".

O le va feagai o le Tuagane ma le Tuafafine.

O le va feagai o le taugane ma le tuafafine o se tulaga faaeteete gatā ona e puipui e le tuagane lona tuafafine i le va ma isi tama tane. O nisi faaupuga e faapea:" O le i'oimata o le tuagane lona tufafine". O lona uiga e uma le ola o le tuagane pe a fai e seisi se mea e leaga ai lona tufafine. O le isi muagagana e faapea: "E mū mata o le tuagane i le tausiga o lona tuafafine". Soo se mea e mana'o ai le tuafafine e taumafai lava le tuagane ia maua.

O le tuafafine ulumatua e ta'u o le **Feagaiga**, ae o le tuagane ulumatua e ta'u o le Aliioaiga. E tāua tele i le aganuu le feagaiga ma le aliioaiga, auā o le feagaiga e faaaloalo i ai le aiga atoa. O se fanau tama ulumatua a le feagaiga e ta'u o le Tama sa. A fai se lagi i le aiga e muamua lava ave se toga lelei o le lagi i le feagaiga poo le tama sa, o lea toga e ta'u o le Measa a le feagaiga. E faaeteete le aiga ne'i lē malie le feagaiga poo le tamasa, auā e lē mafai ona talia toga o le lagi vaganā ua tuumalie le feagaiga poo le tamasa. Ua ou faaaogaina le feagaiga ma le tamasa, auā e tauave e le tamasa le tulaga o le feagaiga. Ae afai ua leai se tamasa ona tauave pea lea e le feagaiga tiute faa feagaiga.

O le **Aliioaig**a o ia lea e mua'i filifilia e le aiga e sui tulaga i le matai o le aiga. O le aliioaiga foi e faasino i le aiga o le tamā, ae o isi fanau e faasoasoa i le aiga o le tinā ma le aiga o le tamā.

Alapia na Mulimulita'i ia Toaleafoa Ina ua masesei le tupu o Fonoti ma lona uso taufeagai o Toleafoa ma le tuafafine taufeagai o Samalaulu ona vāgai lea o le latou taua, e 'au toalua Toleafoa ma Samalaulu ae faasaga tau i le tupu o Fonoti. Ua mae'a le taua ma ua manumalo le tupu o Fonoti ona tulia ai lea o Toleafoa ua faaāunu'ua i le motu o Salaia poo Tutuila. Ona o le tautua toto a Alipia o Leulumoega na mulimulita'i ai i lona alii o Toleafoa. Ua vaeseugā ona i ai o Toleafoa ma Alipia i Tutuila ona vaai atu lea o Alipia i le moa toloa'i ma ana tama ona faapea lea o lana fetalaiga: Amuia le moa toloai e si'osi'o e ana tama, ae o au nei ua ou sau toatasi auā le va ma tapa'au, ae o le tele o la mau tagata nofonofo vale i fanua. Sa toe vaai atu Alipia i le pupufa'i ona faapea foi lea o lana fetalaiga: Amuia le fa'i e si'osi'o e ana tama ae o au nei ua ou sau toatasi ona o le va ma tapaau, ae o le la mau tagata nofonofo vale i fanua. Ua leva ona toe a'e lea o le tafeaga a Toleafoa ma Alipia, ae o loo faamamalu pea le matūpalapala na maua mai ia Toleafoa ma Samalaulu ona o lana tautua toto na ofo atu ai lona ola e tautua ai pe oti pe ola ae o le mea na loto ma talitonu i ai. Ua silafia uma matūpalapala na ia maua "o le matua na togi i le faleiva, ae auga i ai upu o Leulumoega, a tauva Leulumoega i le faletui o le a faaola totoga Alapia; o le a avanoa uma lava i ai nofoa o Leulumoega ia te ia. O le mea lea ua ta'ua ai Alapia o le avaga nofoa.

O le tautua foi lea na maua ai e Tanuvasa lona matūpalapala poo lona faalagina: "O le a Tanuavasa ma Aana, ae itulua a'i Aana".

Tautua e lē fiafia i ai tagata. E i ai tautua e lē moomia e le toatele, e pei o le tautua pa'o, tautua gutumulu, tautua feāu, tautua tilotilo masae, tautua musuā, tautua faatuaupua, tautua matape'ape'a ma le fia faimea. O le a taumafai e faamatala uiga o nei tautua. 1.Tautua pa'o: O le tautua e faapa'o poo le tautua a le tagata na te faauiga sesē se faai'uga poo se mea e fai a le matai. O le tautua lea e faalogo atu lava le matai o fai ni muimuiga poo le faapa'o o ni ana mea o fai, poo le tali mai foi i se faatonuga a le matai. O nisi foi taimi e fai lava e ia le mea e loto i ai ae tuu se faatonuga a le matai. 2. Tautua gutu mulu: O le tautua lea nate tuu mea lelei ma ia ae maise o ni taumafa, ae ave mea faa- lē–lelei ma le matai. 3. Tautua feāu ma le tilotilo masae e tai uiga tutusa. O le tautua feāu mea e muamua lava faamalaulau ana mea na fai mo le matai, ae maise pe afai ua i ai se mea ua le malie ai i le matai, ae maise lava pe afai o se faasoa a le matai ua laaloa ae leai sona vaega pe ua laititi foi. O le taimi lea e amata ai loa ona faamalaulau mai ana tautua na fai, o le uiga lea o le upu feāu, ua faitau ana tautua, ae ua le tulimata'i i le sini o le i'uga o le tautua lelei. O le tautua lea e faatusa i ai le tautua a le ulumatua i le tala o le faataoto a Iesu i le uii faamaumau o'a. 4. Ac o le tilotilo masae o le tagata nate faauiga sesē ni faatonuga poo ni mea e fai i totonu ose aiga. E faatusa i le upega ua masae ae su'e ai e le 'ia le avanoa e sola'ese ai. E lē lelei ni mea e fai a le tagata tilotilo masae ona nate faauiga sesē soo se mea e fai i totonu o le aiga. 5. O le tautua musuā o le tautua lea e fai ona o le faatonuga pe fai foi ona o le vaaiga a tagata, ae lē o i ai atoatoa lona loto. O le tautua lea e vave lava ona faafiti pe afai o se galuega mamafa. Ua i ai foi ma le faitogafiti ma le pase'e i le ituaiga tautua lea. 6. Tautua faatuaupua o le tautua e tali upu, soo se faatonuga a le matai e muimui ma tali upu. E faigata i le tagata faapea ona malie i soo mea e faatonu e le matai 7. O le tautua matapeape'a ma le fia fai mea e faatusa i ai le tagata e tautua faafoliga ae faatilotilo i se taui. O le tautua lea e vave ona faafiti, e pei o le tautua musuā., ae pau lona ese'esega e faafiti le musuā ona o le lē fia tautua, ae faafiti le matape'ape'a ona nei te'i ua tigaina ae leai sana mea e maua pe laititi foi sona taui.

O se Aoa'oga: Ina ia malamalama tupulaga ma le aufaitau i le uiga o le tautua ma ituaiga tautua. Ina ia malamalama fanau e leai ni pologa a Samoa e pei o atunuu i fafo, ae o le tautua na fofoa mai ai le aganuu o le auauna o le isi i le isi e ala i le tautua. E le se mea e faamalosia ae fai i le loto fuatiaifo.

O Fesili: 1. O le a le pule lea e faatatau i ai le alagaupu: "O le ala i le pule o le tautua lelei"? 2. O a ni mea se lua e ao ona fai e le tagata tautua matavela? 3. O a ni mea se lua e fai e le tagata e tautua upu? 4. O a ni mea se lua e fai e le tagata e tautua toto?

5. Faamatala le uiga o le upu "ia pouliuli lou tino ae ia malamalama ou mata" ? 6. Pe na o taulele'a e faia le faiva o le tatua, ia faamatala sou iloa? 7. Faamatala tautua e fai e le tulafale i lona alii ma le taui nate maua i lana tautua? 8. Lisi ni tautua se tolu e lē ni tautua lelei, ma taumafai e faamatala uiga o ia tautua? 9. Famatala le uiga o le upu "tautua". 10. O le a le tulafono i le Tusi Paia e foliga tutusa ma le tautua faa Samoa? 11. O le a le Faataoto a Iesu i le auauna tautua lelei? 12. Faamatala le tiute o le tama tane e fai i le va ma ona tuafafine, ma lona aiga? 13. Faamatala sou manatu i le tagata e tautua ona o le alofa ae lē ona o le taui? 14. Aiseā e tautua ai le isi matai i le isi, faamatala ni mafua'aga. 16. O le a le tāua o le momoli o lapalapa sa taalo ai Leatieogie i le tapuaiga a Feepo? 17. O le a se mea e faatusa i ai i aso nei pe a maua sou faaeaina? 18. O ai le igoa o le tulafale Aana lea na mulimulta'i ia Toleafoa i Tutuila?.19. O le a le uiga o le faa amuia a Alapia i le moa toloa'i ma le pupufa'i? 20. Faamatala le va feagai o le tuagane ma le tuafafine i le aganuu faa Samoa. 21. O a mea e lua e uma ai le ola o le tagata Samoa ona o lona puipui lava i lona aiga? 22. O ai na fasiotia Sema ae na mafua i seā? 23. O le a sau faatusa i taua i le va o malo o le lalolagi ona o le fia maua o laueleele o isi malo ? 24. O ai le tupu o Isaraelu na mana'o i le tovine o Napota?. 25. Faamatala le uiga o le upu "tautua tuāvae" ma o le a lona tāua? 26. Aiseā e tāua ai le tautua tuāvae? 27. O le a se tāua o le mavaega poo upu faamavae, poo toe upu a matua i fanau i o latou toe taimi? 28. O le a le uiga o le upu loto fuatiaifo? 29. O a ni tautua e te lē fiafia ai?

Fesoasoani mo le Faiaoga. Ia taumafai e faamamafa i fanau le tāua o le ola tautua ma le ola usiusita'i i matua. Ia 'aua ne'i faia ona o le faatalitali i se faamanuiaga ae ia faia ona o le alofa i matua ma soo se tagata ua tatau ai.

MATAUPU E LIMA

ANOAFALE E FAAPOGAI MAI I LA'EI

Pu'e James Kneubuhl

I lo'u ava ma le faaaloalo lava e tatau ai i le paia ma le mamalu o le atunuu auā o le atunuu e paia ma mamalu, ina ne'i sipa le lamaga pe pa'o papa foi se faaupuga, ae e lelei ona malamalama tupulaga i la'ei sa masani mai ai le atunuu, ma e tatau pea ona tausisi i ai. O Samoa o le atunuu tofi, ae lē o se atunuu taliola, ma ua i ai tofiga e oo lava i la'ei ua uma ona tuu mavaevae mea uma. Faapei o la'ei o leoleo ua gata lava i alii o le malo ona la'ei ai ma ua faapea lava i soo se la'ei faapitoa e auala i tofiga o tagata ua na o latou lava e tatau ona la'ei ai. Ua faapea foi le aganuu ua iloga la'ei o tinā, o tamā, o teine ma tama, o taupou ma manaia, o tulafale ma tamalii.

O La'ei o Tulafale

O la'ei masani a tulafale i taimi o faapotopotoga faitele, o le ie siapo mamanu, ma le fusi siapo i le suligatiti ma lana ula o le **Faasolo.** O le isi vaega o teuga a le tulafale o le fue ma le tootoo. O teuga masani lava ia a tulafale e onomea ai ma mamalu ai foi. O le faasolo a le tulafale e fai i soo se fatu o laau e pei o le pu'a, o le fetau, o le tifa poo le lama. O isi foi taimi o faasolo fugalalau e pei o 'ula teuila. E i ai lava tulaga ua uma ona faatulaga ai faleupolu o nuu taitasi, ua iloga o latou tula maualuluga ma o i latou na e ta'ita'ia se nuu o i latou foi ia e faamoemoe i ai le tofa i tamalii o se nuu. O le muagagana e faapea e tua faleupolu i le tofa a tamalii, ae maise le taimi o sauni le tulafale mo le lauga e tapā lava ona tamalii mo le faamanuiaga. Afai e feagai le tulafale ma se faafitauli i taimi o feiloaiga ma nisi nuu, o le tamalii e faalavefau ma o le tofa a le tamalii e teuteua se faaletonu. O le talitonuga faaanamua o le fue a le tulafale o lana lauga lena, ae o le tootoo o lana pule lena. O le mea lea e tatau lava i faleupolu ona tausi o latou la'ei masani i taimi e tatau ai auā o iina o loo afīfī ma ta'ui ai le mamalu o le aganuu ma le mamalu foi faa faleupolu. E sili foi ona onomea teuga a le faleupolu pe afai ua la'ei i se malofie.

O La'ei o Tamalii

O loo faamatala mulimuli ane la'ei o toeaiina, ma o la'e'i na e laugatasia uma ai toeaiina i totonu o aiga ae a oo loa i tulaga faitele ona eseese loa lea o la'ei o tulafale ma la'ei o tamalii. O la'ei o le tamalii o le 'ie pā'auli poo 'ie veloveta ma le sei ma le ulafala, poo le **Tuive'eve'e.** A saasaa le tamalii i se taalolo pe nate taualugā se faafiafiaga, ona la'ei lea i le lauao, ma sana ula nifo. E la'ei foi i se 'ietoga ae ailao le nifo oti. Ua tele ina feavea'i la'ei i le va o tamalii ma o latou tula. O nisi o tulafale ua pei lava o ni tamalii ia latou teuga. Ua la'ei 'ie veloveta, ua fai foi ma ulafala. Ua oo lava foi i tupulaga ua ulafala foi i 'ausiva ma faafiafiaga faitele. Masalo ona o le lē malamalama o tupulaga ona ua soo se isi lava ua fai ulafala. O nisi foi o tamalii ua seāseā la'ei ia latou la'ei masani, ona ua leai se eseesega ma tulafale. Ua sili ai ona 'aua ne'i faia ni ā latou teuga masani. Sa fai foi sina ofo o le loto i le tele o ulafala na sasao mo le taumafai o si alii o Tua i le Siamupini o fusuaga o le Lalolagi. Ua oo foi i alii pi'i ua tala aao foi i le maea ma ulafala. E lē salā upu mai anamua, leaga o Samoa o le atunuu ua uma ona faataoto le fua e o tatou tuaā ua tofafa mai tiasa. Sa fiafia le loto i le usufaaaloalo a le Malo sa fai i le Maota o le Maoputasi i Pago Pago i le malaga asiasi mai a le Failautusi o le Initeria. Sa auai le toatele o faleupolu, sa i totonu o le maota nisi ae sa laina laulaututu i fafo le toatele. E leai ma se isi sa 'ula se 'ulafala, ae na o la'ei siapo ma fusi laua ae tofu ma le fue, tofu foi ma le tootoo. O se vaaiga mata'ina le tula'i faaaloalo ma la'ei faa faleupolu moni.

Ua toatele faleupolu ua suafa i suafa alii, i tulaga faapea. Afai ua e tula'i o le alii ona fai lea o la'ei faatamalii, ae afai o ē auai o le faleupolu ona fai lea o la'ei faa faleupolu.

Afioga i Alii Faatui o Manu'a ma a latou Ulafala. Afioga Tufele ma la'ei tuiga.

O le Faaseā i La'ei ua Feavea'i

O le tala lenei i se mea na tupu i le finagalo o'otia o se tasi o faatumutumuga o Tutuila, le afioga i lē na autasi ai Sua ma le Vaifanua le Afioga ia Leiato Tulī. Sa fai le faaaliga faa faatoaga i le Maketi i Fagatogo i le tausaga e tasi iva fitu tasi. Na afio atu ai le Afioga i le Autasi ma ana teūga e faaaliali i le faaaliga sa fai. O le la'ei pā'auli, o le la'ei 'ietoga mo'emo'e, o le lauao, o le 'ulā nifo, o le 'ulāfala ma le nifo'oti. Ona saunoa mai lea o le alii ia te au ma faapea mai: "Ete silafia alii Tauiliili, o teūga ia e masani ai tatou o faaūluūluga o itumalo, ae maise foi o nuu. Ae ua ese lava le mea ua oo iai nei aso. Ua la'ei e faleupolu o tatou la'ei ae ua le iloa poo a mea o le a tatou la'eia". Sa na o na ou faamo'i lava i ai ma sa ou vaaia lava le lagona o'otia o le alii. Sa toe saunoa mai: "O le ala lea o le aumai o mea nei se'i tagataga'i i ai le atunuu i la'ei moni o le tamalii". Sa ou fautua i ai e sili ona fai sana faaaliga faalaua'itele, ae na ona soisoi o le alii. Sa ou iloa iinā o le afioga a Leiato ose tamalii loto maulalo ma agamalū, e ui lava sa ia lagona lona loto mafatia ae sa le mafai ona ia faailoa atu sona finagalo mafatia i le atunuu. Masalo e manatua e nisi o le atunuu sa latou silafia le Afioga a Leiato Tulī, mai i lena aso o le faaaliga faa faatoaga, e le'i toe la'eia e Leiato ni la'ei e pei ona masani ai, ae o'o lava i lona toe taimi, sa la'ei ai a lē o le tiputa ma le ula laufa'i, o le muumuu. O le mea lea ua 'ou manatu ai e tusia lenei vaega o anoafale o le aganuu ina ia nofo malamalama ai tupulaga lalovaoa. O Samoa o le atunuu tofi ae lē ose atunuu taliola, ua mavaevae ona upu ma ona tofiga, ua paepae ma tuumatamaga mea uma e āugā tuaā ua tofafā mai tia sa. E ui ina leai ni tusitusiga sa tusia ai ia tofiga, ae o upu o le atunuu sa tuutaliga mai i lea tupulaga ma lea tupulaga.

O La'ei o Tinā Matutua

Sa onomea lava tinā matutua i o latou foi la'ei, o le 'ie lavalava ma le tiputa. O tiputa sa fai i siapo mulimuli ane ua fai i 'ie ina ua taatele lavalava mai i atunuu i fafo. O tiputa sa faapu le siapo poo le 'ie ae faamaulu i le ulu ona faatautau lea i lalo i tau'au ma le fatafata. Sa maitau lava ei latou se faamalu ae malepe ona ave'ese lea o 'aso o le faamalu ae faatelē le pu ia ofi lelei i le ulu. Sa aogā tele la'ei ia e fai galuega ai i le velega o maumaga ma togā tapa'a auā e 'anagatā. O mu'umu'u o la'ei mai Hawaii.

O La'ei o Toeaiina

E tele lava ina faasausau tamā matutua pe a galulue i maumaga pe fagogota foi poo le nonofo foi i fale. A galulue i maumaga sa matele lava i le 'ula o laufa'i poo lausului e ufi ai le tino i le la. Sa fai foi o latou pulou faataumata e lalaga i se fasi launiu pe a fagogota tautū i luga o le ā'au pe o luga foi o paopao. O le toatele o toeaiina e suafa matai ma o loo faamatala i luga la'ei o le matai tulafale ma le matai alii.

La'ei o Tama Teine ma le Amataga o le Puletasi.

O aso anamua sa iloa gofie le teine muli ma le tamaitai ua nofotane. O tamaitai e le'i

nofotane poo teine muli sa la'ei i ofu soloatoa. E iloagofie tamaitai ua fai le toalua ua le na o le ofu ae ua sulu ma le 'ie i totonu o le ofu soloatoa.

Pe tusa o le faai'uga o le taua lona lua o le lalolagi ae le'i oo i le faai'uga o le tausaga e tasi le afe iva selau lima sefulu ua aliali mai se ituaiga ofu fou. O lea ofu fou ua faapuupu'u le ofu

Pu'e: James Knuebuhl

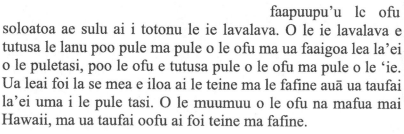

soloatoa ae sulu ai i totonu le ie lavalava. O le ie lavalava e tutusa le lanu poo pule ma pule o le ofu ma ua faaigoa lea la'ei o le puletasi, poo le ofu e tutusa pule o le ofu ma pule o le 'ie. Ua leai foi la se mea e iloa ai le teine ma le fafine auā ua taufai la'ei uma i le pule tasi. O le muumuu o le ofu na mafua mai Hawaii, ma ua taufai oofu ai foi teine ma fafine.

O La'ei o Taupou.

O taupou poo augafaapae sa la'ei i ofu silika, poo la'ei pā'auli soloatoa, ae ina ua oo mai puletasi ua faapena foi ona la'ei i puletasi e su'i i 'ie silika poo 'ie pā'auli, ma lana 'ula o le **Tuipapai** poo le asoa, ae a oo ina saasaa ini taalolo poo le taualuga o ni faafiafiaga faitele, ua la'ei loa i le 'ietoga, pale fuiono i le ao poo le lauao o le tuiga lava lea. E fai fo'i sana 'ula nifo ma tauvae, ma se fusi i ogalima. Ua tofu afio'aga ma taupou poo 'augafaapae, ma o i latou o ni alo tamaita'i o alii sili o se nuu. E 'ese'ese foi nuu o nisi nuu e iloga lava alii e fai a latou taupou. A i ai loa le tamaitai i le tofi o le taupou ua faaaloalogia e le nuu atoa, auā e fai le saofa'i a le taupou e pei lava o le saofa'i a se matai. E avea foi le taupou ma ta'ita'i o le itupa o le aualuma poo teine e lei nofotane ma tinā nofofua. **O le malu**: o le laei faapitoa lea o le taupou, e onomea tele se 'augafaapae ae laei i se malu.

Aitasi ma Tavita

La'ei o Taulele'a.

O le taule'ale'a e tasi lona faamoemoe o le tautua lelei i le matai, tusa pe lē o sona tamā. E la'ei lava o ia i lavalava faigaluega mai le taeao e oo i le po. Faatoā sulu lava sona 'ie mamā pe a uma ona taele i le afiafi. O le tele o taimi o le 'ie faigaluega lava lea a taele e nutinuti ma tatau matū ma toe solo matū ai, ona tautau lea ae ala mai i le taeao toe sulu pe mago pe leai foi. E faigata olaga o taulele'a sa i ai anamua. Se'i vagana foi ua alu i se feau i le taulaga poo le lotu i le aso Sa ona faatoa ofu lea ise ofu ma sulu se 'ie mamā. O le tama tane ua lē a'oga ua lavea loa i le aumaga a se nuu, e sala se tama talavou e le auai i le vaega o aumaga. E ala ona la'ei i lavalava faigaluega le taule'ale'a auā o ia e feagai ma le tausiga o le aiga. E usu i le fale o le matai e aumai ai le faatonuga i mea e fai mo lea aso ma lea aso. Afai foi e lavea i aumaga e fai foi ona tiute faa aumaga. O loo faamatala i le vaega o le Nuu O Aumaga le tele o tiute o le taule'ale'a. Afai foi o le taule'ale'a lea e tautua i le matai o loo faamatala foi i le vaega o tautua 'ese'ese galuega ma tiute o le taule'ale'a tautua. E aliali mai i lenei faamatalaga le mamafa o le galuega a le taule'ale'a e fai i taimi uma ma aso uma.

Pu'e: Tavita Togia

O La'ei o Manaia.

O le manaia o le isi taule'ale'a ma e fai foi lana tautua faa taule'ale'a. Ae taluai ua fae'e i ai le tofi o le manaia a lona nuu, ua faaaloalogia foi o ia e le nuu ae maise o le nuu o aumaga poo taulele'a. A oo loa i faatasiga faitele a le nuu poo le masii foi o le nuu e pei o malaga ona la'ei lea i lavalava mamā, ae vagana ua alu i mea tumutumu ona la'ei lea i 'ie silika poo 'ie pā'auli ma o lana 'ula o le **Tinimasalsala**. E pei foi o le taupou ona la'ei i le 'ei i le 'ietoga, pale fuiono poo le tuiga foi i lona ao pe a taualuga se faafiafiaga aloai'a, poo le mo'emo'e foi i taalolo. E fai foi sana 'ula nifo mani teuteu i vae ma lima. O le manaia o se alo o le alii sili o le nuu. O le Manaia e faamamalu e le nuu o matai auā e fai lana saofa'i e pei o se matai. E faamamalu foi e le nuu o Aumaga e 'ese mai le taule'ale'a matua.' O le taule'ale'a matua e ta'ita'i i aumaga, e faia faatonuga i mea e fai auā le va feagai ai ma le nuu o matai, ae o le manaia e faamaepaepa sei oo foi i taimi o ona tiute ona faatoā gaoioi lea e faataunuu. O le tatau: O le lae'i faapitoa lea o manaia, e matuā onomea tele i se manaia ae mo'emo'e mai e taualuga se faafiafiaga ae ua i ai sana malofie.

La'ei Faapitoa o le Tatau ma le Malu

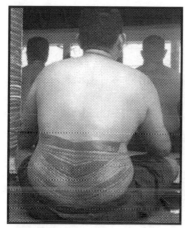

Ina ne'i lē ta'ua lenei la'ei faapitoa a le atunuu ona le atoatoa lea o la'ei masani a Samoa. O la'ei ia e ta'u o la'ei o le pa'u auā o teuga e pipii i le pa'u o le tagata. E faigata ona talanoa i lenei la'ei ona e le'i oo i ai lo'u olaga, ae ou te faaamuia ia i latou ua tofotofo i le tiga ma le ōgaōga o le ma'ama'ai o le āu a le tufuga. Sa ou vaai i le tigā auā sa matou pepese i se tagā tatau i lo matou aiga a'o ou iti'iti lava. O aso ia e le'i i ai ni solo mamā ma ni vaila'au e faavaila'au ai mea faigaluega, ae sa na o le suauu Samoa ma le taele i le sami. O loo i ai tala'aga na mafua ai ona oo mai o le tatau poo le malu i Samoa e faapea: "O le mafuaaga lenei ua iloa o le oo mai o le tatau i Samoa, o le malaga a teine toalua na feausi mai Fiti i le vasā loloa, na la aumai ai o le atoāu ma si a lā pese e tutumau, fai mai e tatā o

Pu'e: Tavita Togia

fafine ae lē tatā o tanē. O le ala ua tatā ai tane ina ua sesē si a la pese. Ua oo mai i gatai o Falealupō ua vaaia loa o le faisua ua telē, totofu ai lea o fafinē ma ua sui ai si a la pesē, fai mai e tatā o tanē ae lē tatā o fafinē".Ua ta Tatau poo le Malofia ona ua sese le Pese E le mautinoa mai i le pese igoa o fafine auā fai mai manatu o nisi o le Piilua o Taemā ma Tilafaigā. Fai mai le mau a nisi o tamaita'i lava mai Fiti na auvasa mai ma aumai lo la faiva o tunuma ma āu ma tuu ia Su'a Sulu'ape i Safata. E i ai mafuaaga e ala ai ona fai le tatau a le tama tane poo le malu foi a le tamaitai.Tiute o le tagata ua fai lana tatau poo le malu O le tiute o le tagata e fai le tatau e faia feau i maota o alii e pei o lenei: E tautūina le agatonu, e folafola suataute, e faia feau o taligā sua i le maota, e fifia taufolo ma faia soo se tautua i luma o lona nuu. Afai o ia o se manaia o le nuu na te taualugā faafiafiaga ma tuiga i taalolo a lona nuu. Ua faaigoa le tagata ua i ai lana malofie poo le tatau o le sogaimiti. O le isi foi faiva o le soga'imiti o le aiaiuli i sausaunoaga a taupou pe a taualuga faafiafiaga.

O le tamaitai e fai lana malu e i ai foi ona tiute faapitoa: Afai o ia o se taupou poo se 'augafaapae na te taualugā faafiafiaga, e tuiga foi i taalolo a lona nuu. Afai e lē se taupou ae i ai lana malu o ia e palua le agatonu a alii, ma ta'i suataute. E faaaloalogia e tagata le tamaita'i ua ta lana malu, e iloa ai le loto toa ma lona tulaga i nuu ma alalafaga.

La'ei o le malo: E i ai le isi la'ei e ta'u o le malo o le la'ei o tama tane e pupuu i luga o tuli toetoe lava a leai se lavalava o sulu. E sili lava ona onomea i tama e fai malofie.

Fautuaga a tinā i fanau teine O le fautuaga a tinā ia a latou tama teine e 'alo'ese ma sogaimiti. Ona fatu ai lea o le pese e faapea: "Poo fea o i ai se pa'usisi o faapuna ai le sogaimiti, poo moe i se umu pe aluga i se pulu a uē ta musu. Talofa ia te oe ma lou faamoemoe ua ta fiu e tau faatonu oe, faapea ai o le sa'o lea taulele'a (tamaitai) e ta'utino atu pea o tifiga mea na e leai se aogā ma lo'u mā". O le pese a le tinā i lana tama teine e faaeteete 'aua le suamili i sogaimiti, auā e suamalie tele foliga o le sogaimiti i lana tatau e momoo fua lava i ai tamaitai.

O le Tala i Faaaliga o Tatau ma Malu

I le taimi ao avea le Tusitala ma faatonu o le vaega o Laufanua ma Atina'e i le Kolisi Tuufaatasi o Amerika Samoa, sa fai ai faaaliga faafaatoaga a lea vaega. E fa aso e fai ai faaaliga atoa ai ma le po. E filifili i tausaga uma ni faafiafiaga e fai i le po mo le mamalu o le atunuu e asiasi atu i le faaaliga o fua o faatoaga. O le tauvaga tatau ma malu o le isi

Faisua

Pu'e: Paul Brown

faafiafiaga na tumu tele i tagata. I tausaga uma sa ou taumafai e sui nisi faafiafiaga, ae peita'i ane sa manumalo i tausaga uma le faia o le faaaliga tatau ma malu. Sa ou vaaaia o le itupa lava o tamaitai na manuamalo i le palota latou te sapasapaia lea faafiafiaga i tausaga taitasi. Ae o le itupa o tamaloloa, sa faa lē fiafia i ai. E lē tioa foi tinā o le atunuu ona popole ma atugalu ma faufautua i tama teine e faaeteete i amioga a sogaimiti.

O se Aoa'oga. Ina ia malamalama tupulaga ma le au faitau o la'ei ua uma ona mavaevae ma e lē tatau ona fe'avea'ia.

O Fesili: 1. Faamatala la'ei o tulafale 2. Faamatala la'ei o tamalii 3. O le a le igoa o le 'ula a le taupou ma le 'ula a le manaia? 4. Faamatala le mea na maua ai le puletasi ma lona uiga. 5. Lisi ni upu fou i lenei vaega o le tusi ma saili o latou uiga 6. O le a le mea e ta'u o le tiputa, ae o le fea vaega e ana lea la'ei? 7. O le a le la'ei e ta'u o le la'ei o le pa'u. ? Faamatala. 8. O a lae'i faapitoa o tama tane ma tamaitai? 9. O fea na mafua mai ai le taina o le tatau, poo le malofie? 10. Lisi mai 'ula a tulafale, a tamalii. 11. O le a sou manatu i 'ula fala poo se 'ula a tulafale, pe o le 'ula a tamalii?

Fesoasoani mo le Faiaoga. Talatalanoa faa mataupu le fela'ua'i o la'ei ua i ai i nei aso, ae o le a se vaifofō? Faatupu manatu i le vasega pe tatau ona toe fai se isi laasaga e iloa ai le alii ma le tulafale pe afai ua le mafai ona toe foi i tua i le tulaga sa masani ai.

O LE TOE MANATU A LE TUSITALA

O le *anoafale* a le Atua o le tagata na Ia faia i lona lava faatusa. Na Ia afio mai i le itu tagata e togiola lana *anoafale* na fai.

O le *anoafale* a le Matai po o le Ulu o se Aiga o lona Auaiga. O lana faatofalaiga na te sauni ai mea e manuia ai le Aiga. O maota ma laoa, o suafa ma tofi i laueleele ma fanua na te puipui ma faamamalu ma faamaualuga, aua tupulaga lalovaoa o le Aiga. A manuia le Aiga ua manuia le *anoafale*. A faaletonu le tofa o le a faaletonu fo'i le *anoafale* o le Aiga.

O le *anoafale* sili i agaga o matua Samoa o fanau. E moe i vai ala i ai, e pisia i vasa toe taia i ulula, e sautia foi i le vaoutuutu le Samoa e tau saili se pili o aoga a le fanau, ae o se pasese, ae o se lavalava, ma seleni e faatau ai sana mea 'ai. E lavalava masaesae, nofo i fale laupola ma tutulu ae faasaosao le seleni e a'oga ai le tama ma le teine i le A'oga Maualuga, le Kolisi po o le Univesite aua se *anoafale* mo le lumana'i mo Matua, mo Aiga, mo Nuu aemaise o le Talalelei. O le naunauta'iga foi lena o le Tusitala e tusitusi i laupepa ma vaitusi se faamanatu, se fagogo, se talatuu ae o se solo ma se pese aua ou alo ma sa'u fanau.

A e paga, e tu manu ae lili'a, e taliu foi le tauta ae popole le tautai, e tamatalafi le agaiotupu ae atu le taufale. Se taumafaiga faa le lava, se upu le tautamalii, se pati ua pa'opapa ma se gagana ua sala. Ia sala ia ia vala, ona ua pau o se taumafaiga a le auauna vaivai, aua e poto le tautai ae se le atu i ama. Faamagalo se sese o le auauna.

Tauiliili L. Pemerika

O le Pese e aualofa ai i Toa o Samoa na Malilu i le Taua i Irag.

fa - a - ta - li, fa - a - ta - li mai lo - a   Pu - le

pe - a le Ta - ma i le la - gi   ma La - na Pu - le

fa - i - to'a - ta - - si   E fa - 'i le ma - tu - a

fa - 'i le mo - to ae o a - 'u ua le fia no - fo.

O se va'ai ifo mai i le 'ea i motu matagofie o Manu'a, Amerika Samoa

Photo courtesy: The National Park of American Samoa

About the Author

Pemerika Tauiliili was raised and nurtured in the real traditional Samoan way of life. As a young adult he left that life in 1954 as he joined the United States Navy, and after a four year enlistment he entered the University of Hawaii, and from where he graduated in 1964 with a Bachelor degree in Agricultural Economics. He later earned a Master's degree in Education Management from the San Diego State University. He has held various directorship positions in the American Samoan Government, has written widely, and in addition to unpublished writings he has authored and published two books for children: "Le Tu Manu ae Tu Logologo" in Samoan, and "The Rat and the Bat and other Short Stories", written in English and Samoan. He has written many songs in English and in Samoan, some of which are religious songs. He holds three high chief titles in the Samoan matai system.

Anoafale Preview

Language and culture can be easily forgotten especially in today's society where it is not spoken and practiced all the time. Compounding the problem is the lack of written literature, competition with other languages, especially the English language, the advent of modern technological advances promoting other languages, and the migration of Samoans to foreign lands. In the Anoafale, the author tries to script Samoan cultural practices and language used during cultural ceremonies. Much of this appropriate language is now foreign to many Samoans even adults. These practices and ceremonial words were observed and learned by the author during his life time. The Kava ceremony, the presentation of food and gifts, the duties of the talking chief to his high chief are some of the etiquettes that soon will be forgotten if not written, spoken and practiced.

About the Book

This book ANOAFALE describes the inter relationship of the language and culture within the matai or the chiefly system of the Samoan people. The language serves as an instrument that performs various aspects of the culture within the matai system. The Samoan peoples are culturally oriented and to live and understand the system one must understand the chiefly language and its culture. The matai system is based on small family units and the matai is the chief of that family unit. Several family units make up a village which is ruled by the village council. The council makes the rules and regulations that govern the village as a whole, and each family matai is represented there. The purpose of the book is to remind the younger generation of the importance of their heritage which has been passed down through many generations.